높임말로
대화하는 아이들

일러두기

1. 이 책에 등장하는 높임말로 대화하는 아이들은 초등 4~6학년 학생들입니다. 어느 특정 해의 이야기가 아니며, 저자가 담임으로 있었던 학급의 모습을 골고루 담았습니다. 아이들의 이름은 각 에피소드에서 그들이 가진 특성을 담아 담임이 느낀 대로 별칭을 만들어 표기하였습니다.
2. 높임말의 사전적 의미는 '사람이나 사물을 높여서 이르는 말'이며, 존댓말의 사전적 의미는 '사람이나 사물을 높여서 이르는 말'입니다. 높임말과 존댓말의 의미는 같으며, 단지 합성어의 구성만 다를 뿐입니다. 높임말은 '높임', '말' 두 개의 고유어로 이루어진 합성어이고, 존댓말은 '존대(尊待)' 한자어와 고유어가 합성된 말입니다. 이 책에서는 우리말인 '높임말'만 사용하였습니다.

높임말로
대화하는 아이들

매일매일 다정한 마음과
단단한 생각이 자라는 교실

김희영 지음

포레스트북스

추천의 글

친구들에게 "~씨", "~님" 같이 높임말을 사용하는 것이 처음엔 어색했지만 그렇게 말하자 친구들이 저를 더 존중해주는 느낌이 들었고, 대화할 때 서로 조심하고 예의 바르게 대하게 되었어요. 말투 하나로 분위기가 달라진다는 걸 느끼면서, 높임말이 사람 사이를 더 따뜻하게 만들어준다는 걸 알게 되었습니다. 그래서 지금도 높임말을 쓰면 상대를 더 배려하고 싶어지는 기분이 들어요.

2022년 6학년 학생이었던 **이채안**

높임말을 사용한 지 한 달쯤 지나자, 어느새 학교 밖에서도 높임말을 쓰고 있는 저를 발견했어요. 높임말로 대화하면 상대가 저를 존중해준다는 느낌과 제가 상대를 존중하고 있다는 마음이 전해져서 친구들과의 대화가 예전보다 훨씬 더 즐거웠어요. 우리 학급은 높임말 덕분에 또래 다른 학급들과 비교될 정도로 평화로운 분위기였어요. 화가 날 만한 순간에도 높임말을 쓰면 마치 마법처럼 마음이 누그러지곤 했죠. 높임말의 가치를 몸소 느끼게 해주신 김희영 선생님 덕분에 제 꿈은 교사가 되었어요. 나중에 교사가 된다면, 저도 꼭 높임말로 소통하는 교실을 만들고 싶어요. 높임말을 통해 서로를 존중하는 법을 알려주셔서 진심으로 감사드립니다.

2023년 5학년 학생이었던 **장혜리**

2024년 한 해 동안 선생님과 친구들에게 매일 높임말을 사용했어요. 서로 높임말로 주고받은 말들이 자연스럽게 존중으로 이어져서, 학급 분위기도 한결 따뜻하고 행복했어요. 높임말로 나눈 칭찬들을 매일 '행복 일지'에 기록하면서 저도 모르게 좋은 습관이 길러진 것 같아요. 친구들과 선생님께서 해주신 따뜻한 말들이 문득문득 떠오를 때면 절로 웃음이 나요.

2024년 5학년 학생이었던 **백지우**

졸업식 날 선생님과의 이별에 통곡하던 아이의 모습은, 김희영 선생님께서 얼마나 큰 사랑을 주셨는지를 말없이 증명해주었어요. 공교육을 둘러싼 무거운 뉴스가 잦은 요즘, 김희영 선생님께서는 '학교 엄마'라는 마음으로 아이들에게 좋은 습관과 바른 생각을 길러내는 진심 어린 교육을 실천하셨습니다. 모든 아이가 존댓말을 사용하며 서로를 존중하고 응원하는 교실, 누구나 발표하며 성장하는 교실. 그 따뜻한 학급은 지금도 아이 마음 깊은 곳에 살아 있습니다.

2022년 6학년 학부모였던 **오민숙**

집에서 존댓말을 쓰던 아이가 학교에서도 친구들과 높임말을 쓰며 서로를 더 존중하게 되었다고 기쁘게 말하더군요. 밝고 따뜻해진 아이의 말투를 보며, 엄마인 저도 마음이 참 따뜻해졌습니다. 말이 바뀌니 마음도 함께 자라는 걸 느낀 소중한 경험이었습니다.

2023년 5학년 학부모였던 **박옥란**

담임 선생님께서 솔선수범해서 아이들에게 존칭을 쓰시는 모습에 처음에는 '굳이 선생님께서 이렇게 하실 필요가 있나?' 했었지만 덕분에 아이들의 높임말이 빠르게 자리 잡을 수 있었습니다. 높임말을 사용하니 친구들 간의 갈등이 없어지고 학습 태도도 좋아지는 게 눈에 띄게 느껴졌습니다. 저희 아이에게 소중한 1년을 만들어주셔서 진심으로 감사합니다!

2024년 5학년 학부모였던 **오진주**

김희영 선생님과 같은 학년으로 만나면서 우연히 시작한 높임말 프로젝트는 이제 저의 학급 경영의 중심이 되었습니다. 매해 높임말 덕분에 학급 아이들은 싸우지 않고 서로를 존중하고 배려하는 방법을 배우고 있습니다. 또한 주변 사람과 더불어 살아가기 위해 긍정의 언어를 사용해야 함을 직접 느끼며, 교사와 함께 성장하고 있습니다. 아이들이 서로를 배려하고 응원하는 따뜻한 학급을 꿈꾼다면 이 책을 읽고 높임말을 실천해 보세요.

2022년 동 학년 교사였던 **임현명 선생님**

사소한 요인이 큰 문제를 만들고, 반대로 작은 예방책을 통해 골치 아픈 문제들을 쉽게 넘길 수 있지요. 저는 '깨진 유리창 이론'을 믿습니다. 그리고 고학년의 경우, 무엇보다도 학생들 사이의 서열화를 막는 것이 중요하다고 생각합니다. 서열 짓지 않고 모두가 동등한 상태에서 서로 존중하는 분위기를 만드는 힘, 이 책을 읽고 높임말에서 찾으실 수 있을 거예요.

2022년 동 학년 교사였던 **공혜진 선생님**

오랜 시간 높임말로 학급을 운영하며 아이들과의 관계 속에 존중과 배려의 문화를 깊이 있게 실천한 김희영 선생님. 2년 동안 동 학년으로 함께하면서 그 진심 어린 교육 철학을 가까이에서 보고 배울 수 있어 참 감사한 시간이었습니다. 선생님 덕분에 저도 높임말 학급을 운영하며, 아이들 속에 자연스럽게 스며든 존중과 학급의 긍정적인 변화를 경험했습니다. 이 책은 교실 언어의 힘을 다시 생각하게 하고, 따뜻하고 건강한 학급을 꿈꾸는 모든 선생님에게 든든한 길잡이가 되어 줄 것입니다.

2024년, 2025년 동 학년 교사였던 **박예송 선생님**

• 여는 말 •

높임말로
합창하는 꿈의 교실

우리 학급 일상을 담은 블로그 글에 인상적인 댓글이 달렸다.

"와! 꿈 같은 교실이네요. 매일 천사들의 합창을 보는 것 같겠어요."

「천사들의 합창」이라니! 어릴 적 방영 시간을 꼬박꼬박 맞춰서 오프닝 음악부터 시청했던 바로 그 해외 어린이 드라마가 아닌가?

「천사들의 합창」은 성격, 가정 환경, 피부색, 종교가 다양한 학생들이 주인공이다. 서로 다른 학생들 사이에서 매일 발생하는 새로운 갈등을 새로 부임한 히메나 선생님이 지혜롭게 해결하며 아름다운 공동체를 구축해가는 과정이 담겨 있다. 어린이 대상 드라마임에도 사회구조적 문제인 빈부 격차, 인종 차별, 가정 불화, 종교의 다양성 같은 무거운 소재를 설득력 있게 다룬 작품이다.

초등학생 때부터 내 꿈은 초등 교사였다. 그래서일까? 그 어린 나이에 먼 나라의 드라마를 보면서 이상적인 학급의 모습을 발견하고 교사상을 꿈꿨다. '우리 교실도 저러면 얼마나 좋을까?', '히메나 선생님이 우리 선생님이면 얼마나 좋을까?'라는 생각이 '나도 저런 교실을 만들어야지', '나도 꼭 히메나 선생님처럼 아이들을 사랑하는 선생님이 되어야지'라는 생각으로 바뀌었다.

나에게는 히메나 선생님이 정말 천사처럼 보였다. 미소와 함께 뿜어져나오는 다정한 모습, 끊임없이 학생을 이해하려는 정성, 다양한 학생을 하나로 만들기 위한 노력, 친절함과 균형을 이룬 단호함, 학생을 바른길로 인도하려는 열정. 같은 상황에서 나도 저렇게 할 수 있을까 존경스러웠다. 또 흰색 리본으로 반 묶음 한 갈색 머리에 레이스가 풍성한 하얀 원피스를 입은 청순한 모습은 어떠했던가? 나도 선생님이 되면 꼭 저런 원피스를 입고 왕 리본으로 반 묶음 머리를 해야지 결심했었다.

우리 학급 이야기를 보며 어린 시절 교사의 꿈을 키우게 해준 바로 그 드라마를 떠올려주시는 분이 계시다니. 나는 블로그 댓글에 답글을 써서 감사한 마음을 표현했다.

"어릴 적 꿈에 그리던 교실 「천사들의 합창」을 우리 학급에 비유해주시니 정말 감동입니다. 히메나 선생님처럼 아이들에게 긍정적인 영향을 주는 교사가 되기 위해 더 열심히 노력하겠습니다."

그리고 우리 학급과 나의 교사 생활을 돌아보았다. 아이들의 갈등은 평화롭게 해결되고 있는가? 교육적으로 의미 있는 성장이 이루어지고 있는가? 「천사들의 합창」이라고 불릴 만큼 우리 학급은 아름다운 공동체인가? 어릴 때 결심했던 모습대로 나는 이해심이 많고 학생을 사랑하는 교사인가?

자문자답을 해보다 순간 미소가 지어졌다. 우리 학급의 갈등은 평화롭게 해결되고 있다. 사실 갈등 자체가 자주 발생하지 않는다. 아이들은 마치 성장 발전소 같다. 끊임없이 자가 발전기를 돌리며 스스로 성장한다. 우리 학급은 유별나게 똘똘 뭉쳐 있다. 서로 배려하고 도와주며 칭찬하는 학급 문화가 잘 형성되었다.

참 다행히도 어릴 적 꿈꾸었던 교실의 모습을 어느 정도 구현하고 있었다. 그리고 드라마 속 교실에는 없지만, 우리 교실에만 존재하는 것이 하나 있다. 히메나 선생님은 도저히 할 수 없고 「천사들의 합창」에서는 실현 불가능한 모습. 바로 '높임말을 쓰는 아이들'이다. 우리 반 아이들은 합창하는 천사들이 맞다. 아이들이 합창하는 노래의 장르는 '바른 언어'이며, 노래의 제목은 '높임말'이다.

우리 학급은 높임말로 대화한다. 교사가 학생에게, 학생들끼리도 높임말을 쓴다. 서로를 '○○ 씨'(또는 '○○ 님')라 부른다. '높임말 프로젝트'를 학급 특색으로 정하고, '바르고 고운 높임말 사용'으로 학급 인성 교육을 계획한다. 3월 개학 직전 가정으로 배부하는 담임 인사장과 학급 운영 안내장을 통해 아직 얼굴도 모르는 학부모와 학생에게 우리 학급의 언어는 높임말이라고 미리 안내한다. 학급 규칙을 설명하는 3월 첫날에 가장 먼저 높임말 사용을 지도하고, 1년 내내 높임말로 대화한다.

『우리, 편하게 말해요』(이금희, 웅진지식하우스, 2022)에서 이금희 작가는 "You are what you eat"을 "You are what you say"로 변형하며 '당신의 말이 곧 당신입니다'라고 말했다. 책을 읽다가 나도 모르게 외쳤다.

"작가님, 맞아요. 우리 반 아이들이 딱 그래요. 정말 정확한 표현이에요."

높임말로 대화하는 우리 아이들은 상대를 높이는 사람이다. 존칭을 사용하는 우리 아이들은 서로를 존중한다.

"학급에서 높임말 사용이 가능하다고요? 실화인가요?"

우리 학급 언어가 높임말이라고 하면 대부분 놀라며 믿기 힘들다는 반응을 보인다. 아마 이 글을 읽는 여러분도 같은 생각을 했을지 모른다. 학생들도 마찬가지이다. 충격을 줄이기 위해 첫 등교 전 높임말 사용을 안내해도 실제로 높임말과 마주하면 처음엔 당혹해한다. 그러나 금세 적응하고 원래 높임말을 쓰도록 타고나기라도 한 듯 능숙하게 높임말을 구사한다.

이 책은 히메나 선생님을 꿈꾸던 초등학생이 20년 차 교사가 되어 10년간 높임말로 대화하는 학급을 운영하며 느낀 감동과 성장의 기록이다. 확고한 신념으로 교사 생활을 할 수 있게 해준 학생들을 향한 고마움을 담아 그들의 사랑스러운 모습을 한 자 한 자 정성스레 책으로 옮겨 보았다. 이것은 실화다.

연일 학교에 대한 무시무시한 뉴스가 보도되고 있다. 정말 학교 현장에서 일어날 수 있는 일인지 의문인 사건들과 이해하지 못할 사람들의 이야기도 있다. 빠르게 변화하는 시대에 발맞춘 긍정적인 학교의 변화가 존재하는데도 유독 학교에 대한 부정적인 면이 두드러지는 것이 안타깝다.

공교육에 대한 불신이 커지는 슬픈 상황에서 '희망'의 메시지를 전하고 싶었다. 시대가 아무리 달라져도 변함없는 귀한 가치는 존재한다. 학교에는 그 가치를 교육하기 위해 열심히 노력하는 교사들이 있다. 언제라도 발전할 준비 태세로 소중한 가치를 배우며 성장하는 학생들이 있다. 그리고 학교를 믿고 상호작용하며 자녀 교육에 힘쓰는 학부모들이 있다.

우리 반 아이들의 모습이 희망을 전달하는 메신저 역할을 할 것이라 믿는다. 내가 「천사들의 합창」을 보며 미래의 교실을 꿈꾸었듯이, 누군가 우리 학급의 모습을 통해 교육에 대한 희망을 품게 되기를 바란다. 그리고 이 책이 희망의 불씨가 되어, 앞으로의 교육 여정에 작은 이정표로 남는다면 더할 나위 없이 행복할 것이다.

높임말로 대화하는 아이들의 담임

늘품샘 김희영

• 차례 •

여는 말 • 높임말로 합창하는 꿈의 교실   008

높임말, 그 첫걸음

우리 반은 높임말로 대화합니다	021
고운 말이 고운 아이를 기른다는 믿음	028
높임말이 스며들었다는 신호	034
우리 반은 모두 다 발표합니다	041
두려움 씨의 발표 극복기	048
고맙습니다 미안합니다	055
행복하겠습니다 공감하겠습니다 배려하겠습니다	061
언어감수성을 키우는 높임말	073

2장
높임말로 키워가는 존중과 배려

천천히 하세요 제가 기다릴게요	081
아름다운 사람은 머문 자리도 아름답습니다	090
버스 자리 바꾸어도 될까요	096
의자 물어보지 말고 쓰세요	102
역시 우리 자상 왕 씨, 역시 우리 정리 여왕 씨	109
인터뷰에 응해주셔서 감사합니다	115
제가 못 했습니다 아니, 안 했습니다	124

3장
높임말로 자라나는 함께하는 힘

저희가 당연히 할 일이에요	135
슬픔은 나누면 위로하는 힘이 된다	141
세상에서 제일 큰 협동심	149
건강 간식은 칭찬을 타고	158
높임말 마중물이 되고 싶었어요	166
높임말 사이에는 싸움이 낄 틈이 없다	172
아이들에게 화낼 일이 사라진 이유	178

4장
높임말로 표현하는 마음의 깊이

마음을 표현하는 아이들	189
감동의 드라마 아름다운 대본	196
급식실에서 일어난 '사랑합니다' 챌린지	206
나의 악함을 말해주는 사람은 곧 나의 스승이다	213
이벤트 하는 아이들	221
말 없는 위로, 여기가 천국이구나	227
진심을 담기에 가장 좋은 말	235

5장
함께 나누는 높임말의 힘

아이들에게 무슨 짓을 한 거예요?	243
높임말로 대화하는 삼색 꼬치 6학년입니다	251
아이들 인성이 Top으로 향하고 있습니다	259
척척 선생님의 높임말 도전기	265
저학년 아이들도 높임말이 가능할까?	271
우리 집은 높임말로 대화합니다	278
그럼에도 불구하고 높임말	283

맺는 말 • 오늘보다 내일 더 빛날 아이들을 응원하며   290

높임말, 그 첫걸음

우리 반은
높임말로 대화합니다

    3월 새 학기 첫날, 교사도 학생도 어색하다. 첫 만남의 서먹함을 없애기 위해 퀴즈나 게임 같은 아이스 브레이킹 활동을 한 뒤 자기소개를 한다. 서먹했던 교실 공기는 점점 훈훈해진다. 이어서 학급 규칙을 설명하자 화기애애했던 분위기는 갑자기 찬물을 끼얹듯 조용해진다. 아이스 브레이킹으로 얼음 같던 딱딱한 분위기를 깼건만 학생들은 일순간 다시 '얼음'이 된다. 담임인 나의 단 한마디 때문에.

    "우리 반은 높임말로 대화합니다."

    깜짝 놀란 아이들의 눈이 왕방울만 해진다.

"친구들끼리도 높임말로 이야기합니다. 서로를 '○○ 씨 또는 ○○ 님'이라고 부릅니다."

아이들은 아무 말도 못 하고, 멀뚱멀뚱한 눈으로 서로 얼굴만 쳐다본다.

아랑곳하지 않고 높임말 사용 전과 후 생활이 달라진 어떤 학급의 모습을 담은 동영상을 보여준다. 그리고 높임말의 좋은 점을 설명한다. 이쯤 되면 용기 있는 학생 한 명이 조심스럽게 질문한다.

"다른 반도 높임말을 쓰나요?"

"아니요. 우리 반만 합니다."

아이들은 이제 멘탈 붕괴 상태가 된다. 그리고 흔들리는 동공을 통해 입 밖으로 꺼내지 못한 머릿속 생각이 보인다.

'헉! 망했다. 올해 죽었다. 담임 잘못 만났다.'

아이들은 쉬는 시간에 한마디도 하지 않는다. 이 상황을 어떻게 받아들여야 할지, 진짜로 높임말을 써야 할지 혼란스럽기 때문이다. 친구들과 이 사태에 관해 이야기하고 싶지만 높임말이 차마 나오지 않는 모양이다.

그러나 이내 호기심 많은 한 명이 가장 친한 친구에게 다가가 작은 소리로 이야기한다.

"○○ 씨, 안녕하세요? 우리 같은 반이네요."

학급 전체의 시선이 두 친구에게 집중된다. 분명 작은 소리로 이야기했지만, 확성기에 대고 소리친 듯 모두의 귓속에 또렷하게 높임말이 전해졌다.

나는 이 순간을 절대 놓치지 않는다. 호기심 씨를 격하게 칭찬한다. 세상에서 가장 장한 일을 한 사람인 것처럼.

"호기심 씨, 너무 잘했어요. 친구와 저렇게 높임말로 이야기하는 거예요. 호기심 씨가 우리 반 높임말의 선구자네요. 첫 시작을 정말 훌륭하게 해주었어요. 호기심 씨, 기분이 어때요? (어리둥절한 호기심 씨는 아무 말도 못 하지만) 좋다고요? 모두 호기심 씨처럼 저렇게 할 수 있겠지요?"

졸지에 높임말의 선구자가 된 호기심 씨는 환하게 웃는다. 그리고 친구에게 높임말로 조잘거린다. 아까보다 훨씬 커진 목소리로.

지켜보던 아이들은 더듬더듬 이야기하기 시작한다.

"○○아······, 아니 ○○ 씨···, 안녕··· 하세요?"

3월 첫날 높임말을 텄다. 올해 1년 우리 반 인성 농사는 문제없다.

나는 20년 차 초등 교사이다. 신규 발령 당시 일부 선배 교사는 새내기에게 교실에서 담임의 태도에 관해 신나게 설교했다.

"아이들 앞에서는 웃으면 안 되는 거 알지? 아이들은 그냥 말로 하면 절대 듣지 않는다고."

선배 교사들의 말대로 웃지 않았다. 규칙을 어긴 학생에게는 벌점도 적용했다. 그런데 우리 반 아이들은 열심히 떠들었다. 자주 갈등이 발생했다. 서로 상대 탓을 하며 나에게 이르기 일쑤였다. 무엇보다 힘들었던 건 예쁜 아이들 앞에서 웃음을 참는 일이었다.

그래서 다음 해부터는 각종 상점 제도를 적용하며, 칭찬 스티커를 남발했다. 스티커 개수에 따라 사비를 들여 선물도 듬뿍 주었다. 칭찬 스티커 붙이는 재미를 느낀 아이들은 열심히 생활했다. 벌점 제도보다는 학급 운영이 훨씬 수월했다. 그러나 칭찬 스티커 따위에 관심이 없는 아이들도 있었다. 스스로 스티커 판을 채우게 했더니, 거짓으로 스티커를 붙이며 악용하는 사례도 발생했다.

육아 휴직을 마치고 복직 연수를 들었다. 학생인권조례가 발표되며 체벌이 절대 금지되었다고 했다. 상점 제도 역시 비교육적이라고 했다. 앞으로 어떻게 학급을 운영해야 할지 고민이었다. 그때 강의 중이던 선생님의 한마디가 불현듯 가슴을 때렸다.

"교사가 먼저 학생에게 존댓말을 써보세요."

연수 기간 중 다양한 강의를 들었지만 뇌리에 남은 것은 오직 단 하나, '높임말'뿐이었다.

'그래, 결심했어. 높임말을 써보자.'

복직 후 다짐을 실천했다. 학생들을 '○○ 씨'라 부르고 높임말을 썼다. 휴직 전에는 수업할 때만 높임말을 썼다면 이제는 일상 대화에서도 사용했다. 말하는 교사도 부자연스럽고 듣는 학생도 어색해했지만 의식적으로 계속했다. 그러자 신기한 일이 일어났다. 어느 순간 아이들도 서로를 '○○ 씨'라고 부르기 시작한 것이다. 한번도 아이들에게 그렇게 하라고 말한 적이 없었는데도 말이다.

다음 해에도 나는 학생들에게 높임말로 이야기했다. 몇 달이 지나니 또 아이들은 존칭을 사용해서 서로를 불렀다. 혹시 아이들끼리도 높임말로 대화할 순 없을까? 2학기가 되어 학급 전체 높임말을 제안했다. 처음에 아이들은 당황했지만 반발하진 않았다. 이미 담임의 높임말에 익숙해졌고 높임말을 들었을 때 존중받는 기분을 느꼈기 때문이었다. 물론 하던 대로 편하게 말하는 아이들도 있었다. 야단치지 않았다. 그저 높임말 사용을 반복하여 지도했다. 점점 높임말을 잘 쓰는 아이들이 늘어나고 분위기가 형성되니 모두가 사용하는 건 어렵지 않았다.

　높임말로 이야기하면서 아이들은 달라지기 시작했다. 높임말은 거친 말을 통제했다. 하고 싶은 대로 아무 말이나 뱉지 않고 한 번 생각한 뒤 긍정적인 예쁜 말을 했다. '고맙습니다'라는 소리가 사방에서 들렸고, '미안합니다', '괜찮습니다'가 세트처럼 나왔다. 비속어를 일상으로 쓰던 아이도 학급에서는 감히 나쁜 말을 할 수 없었다. 비속어를 사용하면 분위기가 어색해지는 걸 알았기 때문이다.

　말이 달라지자 싸움도 줄었다. 다툼이 생길 만한 상황에서 높임말은 싸움의 방지턱이 되었다.

　예를 들어, A 씨가 지나다가 B 씨의 물건을 떨어뜨려서 B 씨가 발끈하며 말한다.

　"왜 남의 물건을 떨어뜨리고 가십니까?"

　A 씨가 태연하게 말한다.

　"에이, 뭐 그런 걸 가지고 그렇게 화를 내십니까? 미안합니다. 실수였습니다."

　어떠한가? 이것이 우리 반의 말다툼이었다.

　말이 달라지자 행동도 바뀌었다. "도와드릴까요?", "빌려드릴까요?" 아이들은 서로 도와주고 물건을 나누어 썼다. 학급을 위한 봉사를 스스로 찾아서 실천했다. 행동이 달라지자 생각이 바뀌었다. 학교에서 하는 모든 활동을 즐기고 적극적으로 참여했다. 수업이 너무 재미있다며 열심히 공부했다. 학업도 크게 향상되었다.

높임말로 대화하는 학급을 운영한 지 10년이 되어 간다. 두근거리던 첫 성공 이후 높임말 프로젝트를 학급 특색으로 정하고 꾸준히 이어가는 중이다. 해마다 엄청난 언어의 위력을 느낀다. 그 세월 동안 높임말로 대화하는 아이들은 눈물 나게 아름다운 성장을 만들어냈다. 따뜻한 언어가 만드는 사랑을, 우리는 함께 배우고 함께 자라났다.

고운 말이 고운 아이를
기른다는 믿음

　5학년 학급 학생으로 만났던 느긋함 씨가 6학년이 되어 전 담임인 나를 찾아왔다. 조심스럽게 교실 문을 열고 빼꼼히 얼굴만 들이민 아이에게 어서 들어오라고 반갑게 손짓했지만, 속으로는 의외라고 생각했다. 스승의 날 학생들이 단체로 우르르 찾아왔을 때나 삼삼오오 모여와 잠깐씩 얼굴을 비칠 때도 느긋함 씨의 모습은 보이지 않았기 때문이다. 아이는 내 손짓에도 선뜻 교실로 들어오지 못했다. 친구들 없이 혼자 방문한 것이 민망했으리라.

　느긋함 씨는 자신에게 관대하고 매사 여유가 있는 학생

이었다. 좋게 포장하면 그랬다. 솔직히 말하자면 모든 걸 귀찮아했다. 활동적이고 의욕적인 나와는 성향이 달랐다. 무엇 하나 그냥 넘어가지 않고 이것저것 하게 하는 담임을 만나 아이는 분명 힘들었을 것이다. 귀찮은 것을 억지로 하려니 짜증도 났을 것이다. 모두 열심히 하는 학급 분위기에 휩쓸려 느긋함 씨도 동참하긴 했다. 그러나 굼벵이 같은 행동과 굼벵이를 씹은 듯한 달갑지 않은 표정이 종종 나타났다. 아이의 속마음이 빤히 보였다.

'굳이 이걸 왜 하라는 거지? 흐윽! 귀찮아.'

특히 높임말이 그랬다. 학년 초 친구들 무리에서 느긋함 씨가 반말로 이야기하는 소리가 심심치 않게 들렸다. 높임말이 어색하고 습관이 되지 않은 탓도 있었다. 그러나 높임말을 쓰지 않겠다는 의도가 다분해 보였다. 물론 점점 익숙해지자 느긋함 씨도 높임말을 습관처럼 사용했지만, 여전히 신경 써서 높임말로 대화하는 것이 귀찮아 보였다.

그랬던 느긋함 씨가 혼자 나를 찾아온 이유는 무엇일까?

"선생님, 진짜 신기해요. 작년에 우리 반이었던 친구들은 뭔가 달라요. 다 할 줄 알아요. 다른 반이었던 친구들은 잘 못하는 것을 그냥 다 잘해요. 심지어 김치까지 잘 먹어요."

조잘거리는 스타일이 아니었다. 타인에게 살갑게 대하는

스타일은 더욱이 아니었다. 느긋함 씨가 혼자 찾아와 시키지도 않은 새 학년 이야기를 하는 것이 신기했다.

"6학년 선생님이 '느긋함 씨'가 아니라 '느긋함아'라고 불러서 처음엔 진짜 이상했어요. 이제 높임말은 안 써요. 그런데 높임말을 안 써도 우리 반이었던 친구들은 말하는 게 조금 달라요. 예쁘게 얘기해요. 그리고 복도에서 작년에 우리 반이었던 친구들을 만나면 아직도 높임말로 인사해요."

높임말 쓰던 습관으로 새 학년이 되어도 고운 말을 실천하는 우리 반 아이들이 대견스러웠다. 좋은 습관을 갖게 하려는 1년간의 노력이 물거품은 아닌 것 같아 기뻤다.

느긋함 씨는 작년 우리 반 친구들의 남다른 6학년 생활에 대해 한참 묘사했다. 그리고 수줍은 고백이 이어졌다.

"작년엔 제가 철이 없었나 봐요. 선생님 말씀 안 듣고 속도 많이 썩였어요. 죄송해요."

느긋함 씨는 드디어 나를 찾아온 진짜 이유를 꺼냈다.

"사실 작년에는 선생님이 이해가 안 됐어요. 왜 그렇게 많은 걸 하라고 하는지. 굳이 왜 높임말까지 쓰라고 하는지."

아이는 뜸을 들이다 말을 이었다.

"그런데 이제 알겠어요. 선생님이 옳았어요. 이 말 꼭 하고 싶어서 찾아왔어요. 선생님, 감사해요."

눈물이 왈칵 쏟아졌다. 아무 말도 할 수 없어서 그냥 느긋함 씨를 꼭 안아주었다.

귀차니즘 말괄량이였던 느긋함 씨는 지난해 담임의 등쌀에 떠밀려 다양한 활동을 하고 높임말로 대화했다. 반복하다 보니 몸에 습관이 배었고, 귀찮아하는 성향도 어느 정도 극복했다. 그러나 마음 깊은 곳까지는 받아들이지 못하다가 새 학년이 되어서야 비로소 알게 된 모양이다. 내가 그토록 많은 학급 루틴을 만들어 꾸준히 실천하도록 했던 이유를. 좋은 습관을 길러야 한다며 1년 내내 반복했던 잔소리의 의도를. 친구들끼리 높임말로 대화하라는 기상천외한 학급 운영의 목적을.

지난해 우리에게 당연하고 자연스러웠던 모든 것이 새로운 공동체에서는 특별함이었다. 느긋함 씨는 그 사실을 우리 반이었던 친구들의 모습을 통해 깨달았다. 내가 믿고 있던 꾸준함의 힘, 습관의 힘, 언어의 힘을 아이도 드디어 깨닫게 된 것이다.

좋은 것은 누구나 느낀다. 10년 동안 만났던 우리 반 학생들 모두 좋은 습관의 필요성과 높임말의 중요성을 체감했다. 그 시기는 저마다 달랐다. 새 학년 첫 주에 느끼는 아이가 있는가 하면 한 달, 한 학기, 학년이 끝날 때쯤 실감한 학생도 있었다. 느긋함 씨는 1년이 다 지나고 다음 해에 깨달은 것이다. 시기는 중요하지 않다. 좋은 것을 알았다면 그만이다. 앞으로 더 좋아지기 위해 노력하면 충분하다.

높임말 사용의 좋은 점은 몸소 실천한 아이들이 가장 잘 안다. 그에 못지않게 학부모님들의 호응도 뜨거웠다. 가정에서도 달라진 자녀의 모습을 신기해하며, 그 원인 중 하나가 높임말이라고 하는 학부모님이 많았다. 학년 말 자녀의 학교생활에 대한 만족도 조사에서도 부모님들의 긍정적인 반응을 확인할 수 있었다.

"선생님께서 학생들에게 존칭을 써주시고, 친구들끼리도 존칭을 쓰면서 바르고 고운 말을 사용하는 점이 좋았습니다."

"처음엔 아이가 친구들과 존댓말을 주고받는 모습이 엄마인 저도 어색하고 웃기게 느껴졌어요. 지나고 보니 친구들과 선생님을 존중하고 배려하는 마음을 가질 수 있어 참 좋았습니다."

"선생님 만나고 높임말 쓰며 많이 바뀐 아이의 모습에 너무 행복하답니다."

"아이들의 참된 인성을 다지는 교육, 모두를 참여시키는 교육, 사랑을 몸소 실천하며 베푸는 교육. 선생님, 감사합니다."

"우리 학교 전교생이 높임말 사용하고, 다른 학교까지 전파되면 좋겠습니다."

만약 '높임말 쓰기'에 대한 부모님의 반응이 부정적이고 회의적이었다면 어땠을까? 분명히 학급에서 높임말을 잘 쓰지 못했을 것이다. 높임말에 대한 학부모님들의 따뜻한 시선과 긍정적인 지지가 있었기에 꾸준한 교육이 가능했다. '바른 언어 사용으로 바른 사람을 기른다'라는 공동 목표를 향한 팀워크, 가정과 학급의 연계 교육이 높임말로 대화하는 아이들의 바른 인성과 성장을 만들었다.

내가 한결같이 높임말로 대화하는 학급을 운영할 수 있었던 건 신념이 있었기 때문이다. 예쁜 말은 아이들을 긍정적으로 변화시킨다는 믿음. 긍정적인 아이들은 스스로 성장하는 힘을 가졌다는 믿음. 성장하는 아이들은 주변까지 환히 밝히는 빛이 된다는 믿음. 긴 시간 흔들림 없는 믿음은 제자들과 학부모님들의 한마디 덕분에 견고해졌다. 고마운 이들이 건네는 말은 가슴 속 깊이 박혀 교사로서 나를 움직이는 원동력이 되었다.

나는 나를 믿는다.

높임말로 대화하는 나의 아이들을 믿는다.

높임말에 대한 학부모들의 응원과 지지를 믿는다.

높임말이
스며들었다는 신호

　새 학기 첫날 높임말을 텄다고 해서 끝이 아니다. 언어는 습관이다. 반복 훈련이 필요하다. 교실에서 매 순간 들리는 높임말은 시나브로 아이들에게 스며든다. 학급 아이들이 높임말에 적응하는 데 걸리는 시간은 길어야 4주이다. 보통 3월이 끝나기 전 높임말에 익숙해진다.

　아이들은 모방 심리가 강하다. 친구가 하면 자연스럽게 따라 한다. 높임말 사용자가 늘어나면 학급 분위기가 형성된다. 한번 만들어진 분위기는 좀처럼 흐트러지지 않는다.

　형성된 분위기를 견고하게 하는 역할은 담임의 몫이다.

고운 말 사용을 당연하게 여기도록 기반을 단단하게 다져야 한다. 가장 효과적인 방법은 '칭찬'이다. 높임말 실천자들을 칭찬한다. 아주 사소한 인사말도 격하게 칭찬한다. 아이들의 말에 항상 관심을 가지고, 칭찬할 만한 상황을 예리하게 포착해야 한다.

"어머나! 우리 실천자 씨, 선생님이 학습지 나누어줄 때 '감사합니다' 예의 바르게 인사하고 받았어요? 당연한 일에 고마움을 표현해주어서 선생님이 더 감사합니다."

실천자 씨는 칭찬에 감화되어 내가 학습지를 줄 때마다 큰 소리로 감사 인사를 한다.

이를 본 아이들은 실천자 씨를 모방한다. 같은 상황은 물론이고, 비슷한 상황에서 확장하여 적용한다. 뒷자리 사람이 앞자리 사람에게 학습지를 넘겨받으며 인사한다.

"앞실천자 씨, 감사합니다."

그리고 자신의 뒷사람에게 학습지를 넘기며 이야기한다.

"뒷실천자 씨, 여기 있습니다. 학습지 받으세요."

학습지를 주고받는 일상적인 상황에서조차 감사 인사가 오가는 예의 바른 학급 분위기가 형성되는 순간이다.

학급에서 물건이 바닥으로 떨어지는 일은 하루에도 수십 번씩 발생한다. 누가 어떤 물건을 떨어뜨렸는지 중요하지 않다. 물건이 떨어지는 소리가 나면 주변 친구들은 하나같이 책상 밑으로 몸을 낮춘다. 자기 것인 양 떨어진 물건을 소중히 주워 주인에게 건넨다. 그리고 예쁜 말을 주고받는다.

"물건 주워주셔서 감사합니다."

"괜찮습니다. 그런데 연필이 부러졌네요. 제 것을 빌려드릴까요?"

처음부터 모든 학생이 100퍼센트 높임말을 사용하는 것은 결코 아니다. 어색하고 습관이 되지 않은 탓에 자기도 모르게 반말이 튀어나오는 귀여운 실수는 다반사다. 담임 눈치를 살살 보며 일부러 반말을 살짝 하는 소심한 반항자들도 있고, 숫제 들으라는 듯 큰소리로 부정적인 말을 하는 본격적인 반항자들도 있기 마련이다. 입버릇처럼 거친 말을 쓰던 아이들이 친구들에게 높임말을 하려니 입이 근질근질한 것이다. 이런 반항자들은 어떻게 지도해야 할까?

결국 반복이 답이다. 절대 야단치지 않는다. 아이들은 처음 맞이하는 상황을 받아들일 시간이 필요할 뿐이다. 이럴 땐 계속 이야기하는 수밖에 없다. 귀에 못이 박이도록 반복한다.

"높임말로 이야기하세요."

반복하면 높임말 실천자들은 알아서 반항자들을 바른길

로 인도한다.

"반항자 씨, 그런 나쁜 말 하면 안 돼요. 높임말로 이야기하세요."

백 마디 잔소리보다 친구들의 옳은 한마디가 훨씬 강력하다. 촘촘하게 조성된 학급 분위기 속에서 반항자들은 거친 말을 거둬들이고, 서서히 높임말에 물들어간다. 바른말만이 허용되는 강력한 분위기에서 혼자만 부정적인 말을 하는 이상한 사람이 될 수는 없다.

어느 해에는 아주 강력한 반항자가 있었다. 나에게 대놓고 따졌다.

"왜 친구들끼리 높임말을 써야 해요? 높임말 쓰는 거 너무 스트레스예요."

높임말은 의식적인 노력이 있어야 가능하다. 웃어른에게 사용하는 높임말이 아닌, 친구들끼리의 높임말은 더욱 그렇다. 작은 일에도 화가 많았던 반항자는 에너지를 써야 하는 일에 짜증이 났다.

"친구들이 반항자 씨에게 높임말로 이야기하면 존중받는 느낌이지요? 반항자 씨가 높임말로 이야기하면 친구들도 똑같이 느껴요. 높임말은 서로 존중하는 방법이에요. 지금은 적응이 안 되어 힘들 수 있어요. 차차 자연스러워질 거예요.

편안하게 사용하게 될 거예요."

반항자 씨는 내 말에 더 이상 말대답하지 않았다. 친구들이 정중하게 자신을 대하는 것이 싫지 않았던 모양이다. 그는 어느 순간 학급에서 가장 훌륭한 높임말 실천자가 되어 있었다.

해마다 반항자들까지 높임말의 실천가가 되면 '높임말 안정화 단계'를 알리는 신호가 온다. 점심시간이 되자 아이들은 손을 씻고 급식실에 가기 위해 줄을 섰다. 4월 급식 메뉴에 대해 여기저기서 이야기꽃을 피웠다. 모두가 급식 메뉴에 온 신경이 집중된 순간 담임의 귀에는 예쁜 말이 들려왔다.

"저는 이제 높임말이 편해요."

"맞아요. 저도 높임말이 편해요. 이제 높임말 안 쓰면 이상해요."

높임말 실천가 두 명이 높임말을 생활화하고 좋은 점을 고운 말로 표현하고 있었다. 새 학기가 시작된 지 한 달이 될 무렵 해마다 들리는 '높임말 안정화 신호'이다. 이 신호가 들리면 그다음은 물 흐르듯 간다. 신호를 보내는 고마운 높임말 실천자들을 보고 있자니 흐뭇하게 미소가 지어졌다. 그리고 안도했다.

'휴, 다행이다. 드디어 신호가 왔다. 올해도 스며들었다. 높임말.'

이런 순간이 올 줄 알았다. 높임말이 편해지는 순간. 높임말이 아닌 말이 불편하게 들리는 순간. 이 순간을 애타게 기다렸다. 그리고 기도했다. 학급 전체가 두 친구와 같은 마음이기를. 모두의 마음이 고운 말을 닮아가며 예쁘게 단단해지고 있기를.

언어 습관은 하루아침에 만들어지지 않는다. 좋은 언어일수록 그렇다. 금방 물들어버리는 자극적인 언어에 비해, 예쁜 말이 습관이 되기까지는 시간이 필요하다. 고운 소리는 스멀스멀 스며든다. 예의 바른 표현은 서서히 젖어든다. 일단 분위기가 형성되고 안정되면 유지하는 데 어려움이 없다. 오래 걸린 시간만큼 아이들의 생활에 깊이 파고들어 삶에 지대한 영향을 준다. 어릴 적부터 바른 언어 사용 환경에 노출되어야 하는 이유이다.

바른 언어 습관을 형성해가는 아이들을 위해 어른이 해야 할 일은 기다려주는 것이다. 아이들 속도에 맞춰 기다리면서 예쁜 말에 대해 칭찬해야 한다. 아이들은 칭찬받으며 옳고 그름이 무엇인지 인식하게 된다. 아주 사소하고 당연한 말도 칭찬을 통해 특별한 언어가 되어 강화될 수 있다. 왜 나쁜 언어를 쓰느냐고 야단치면 부정 언어에 초점이 맞춰진다. 뾰족한 말을 두드러지게 해서는 안 된다. 고운 말을 더 크고 견고하게 만들어, 날카로움을 부드러움으로 덮어버려야 한다.

　우리 아이들이 좋은 언어 습관을 갖기를 진심으로 바란다면 아이들이 안정적으로 예의를 갖출 때까지 기다려주는 어른의 마음을 먼저 살펴보자. 아이들이 예쁜 말을 하는 순간을 놓치지 않고 포착하여 칭찬하고 있는지, 부정 언어보다 긍정 언어에 초점을 맞추고 있는지 말이다.

우리 반은
모두 다 발표합니다

3월 첫날 "우리 반은 높임말로 대화합니다"라는 담임의 말로 아이들은 충격에 휩싸였다. 쇼킹 발언은 여기서 끝이 아니었다. 높임말 상황에 정신도 못 차렸는데, 또다시 아이들을 강타한 한마디.

"우리 반은 모두 다 발표합니다."

아이들은 약속이나 한 듯 고개를 푹 숙였다. 나와 어떻게든 눈을 마주치지 않으려고 안간힘을 썼다. 고학년이 될수록 아이들은 발표하기를 꺼린다.

"여러분 발표하기 싫어하는 것 알아요. 얼마나 부끄러워하는지 잘 알고 있습니다. 발표하려면 엄청나게 큰 용기가 필요하지요. 그러나 발표는 반드시 해야 하는 일입니다. 성장할수록 여러 사람 앞에서 내 생각을 표현하는 건 정말 중요합니다."

황당의 연속에서 아이들은 단 한마디도 못 했다. 그저 담임에게 지목당하지 않기만 바라며 시선을 책상에 두었다.

"선생님은 손 드는 사람만 발표시키지 않습니다. 손 안 들어도 모두 다 발표합니다. 하다 보면 자꾸 발표하고 싶은 자기 모습에 놀라게 될 거예요. 누구나 할 수 있습니다. 지금부터 선생님과 연습하면 됩니다."

이번에 아이들은 고개를 번쩍 들었다. 너무 놀라서였다. 당황한 아이들의 얼굴에서 생각이 읽혔다.

'손을 안 들어도 발표를 시킨다고? 윽! 죽었다.'

새 학년 첫날, 얼굴도 이름도 모르는 친구들 앞에서 발표 연습이 시작되었다.

1단계 : "얍!" 외치기

"한 글자 소리 내기부터 시작합니다. 한 사람씩 차례로 '얍!' 굵고 짧게 외쳐주세요."

"야~", "야아~~"

아이들이 가느다란 목소리로 길게 소리 냈다.

"굵고 짧게 '얍!'입니다."

발표 연습이라고 해서 긴장했던 마음에 살짝 호기심이 발동하는 듯했다. 큰 소리로 굵고 짧은 '얍'을 외치는 패기 넘치는 아이들 등장. 그들을 칭찬했다. 나머지 아이들의 소리도 덩달아 커졌다.

"얍!", "얍!", "얍!", "얍!"

기합에 가까운 소리가 어려움 없이 쭉쭉 나왔다. 키득키득 웃음소리도 들렸다.

1단계 전원 통과가 가까워지는 순간, 갑자기 외침 소리가 뚝 끊겼다. 일제히 정적의 주인공을 향해 고개를 돌렸다. 공포에 질린 표정에 미동도 없는 얼음 상태인 두려움 씨였다.

"두려움 씨 차례예요. '얍' 소리 내볼까요?"

두려움 씨의 눈에 눈물이 고였다.

"두려움 씨, 마음의 준비를 하세요. 다음에 두려움 씨 순서가 되면 소리 내야 합니다."

2단계 : 자기 이름 또박또박 말하기

"2단계는 자기 이름 세 글자 말하기입니다. 글자와 글자 사이를 구분하며 또박또박 발음합니다."

"○ ○ ○!", "△ △ △!", "□ □ □!"

1단계 외침에서 용기가 생긴 것일까? 2단계 이름 말하기는 비교적 쉽게 넘어갔다. 아이들의 얼굴에 미소가 번졌다.

그런데 또 막히는 구간이 있었다. 두려움 씨였다. 아이는 자기의 티셔츠를 들어 올려 얼굴을 숨겼다. 한참을 기다려도 티셔츠에서 나오지 않았다.

"두려움 씨, 괜찮아요. 처음은 누구나 힘들어요. 기다릴게요. 천천히 해보는 거예요."

일단 지켜보기로 하고 기다리는 다른 아이들을 위해 다음 단계를 진행했다.

3단계 : 이름 앞에 꿈이나 별명 붙이기

"3단계는 이름 앞에 꿈이나 별명을 붙이는 것입니다. 장래 희망도 좋고, 친구들에게 듣고 싶은 별명도 좋아요. 자신의 특징을 나타내는 말도 괜찮습니다. 나의 꿈을 자꾸 소리 내어 말하면 꿈은 반드시 이루어집니다. 긍정의 언어로 나를 표현하면 나는 그런 사람이 됩니다."

아이들은 이름 앞에 붙일 문구를 진지하게 고민했다. 몇 번의 시행착오를 거쳐 씩씩하게 자신의 꿈을 외쳤다.

"줄넘기 국가대표 ○ ○ ○!"

"그림 천재 △ △ △!"

"스마일맨 □ □ □!"

두려움 씨 꿈만 듣지 못했다. 긴장하면 옷소매를 물어뜯는 특징이 있다는 것만 알게 되었다.

4단계 : 문장으로 말하기

"발표 연습 마지막 단계입니다. 꿈과 이름 뒤에 '발표하겠습니다'를 붙여 문장을 완성합니다. 문장을 말할 때 속도가 빨라지지 않도록 유의하고, 분명하게 발음합니다."

"미래의 소방관 ○○○이 발표하겠습니다."

"호날두, 메시보다 축구 잘하는 △△△이 발표하겠습니다."

"봉사를 잘하는 □□□이 발표하겠습니다."

발표 연습이 성공적으로 마무리되었다. 외마디 소리내기부터 완성된 한 문장 말하기까지. 단계별 훈련을 통해 아이들은 자연스럽게 입을 열고, 큰 어려움 없이 목표 지점에 도달했다.

"우리 반은 발표를 정말 잘하네요. 발표 달인들이 모였나 봐요. 이렇게 하는 것입니다. 앞으로 발표할 때 오늘 연습한 문장을 먼저 말합니다. 그러면 듣고 있는 다른 친구들은 박수

두 번 '짝짝' 치며, 발표자를 바라봅니다."

시작할 때 걱정이 가득했던 아이들의 얼굴은 자신만만한 표정으로 바뀌어 있었다.

수업 시간 발표는 보통 성격이 적극적인 아이들이나, 전년도에 발표 훈련이 잘된 몇몇 학생들이 주도하곤 한다. 그들은 주인공처럼 당당하게 나선다. 나머지 아이들은 조연도 아닌 관객이 되어 점점 소극적으로 변하고, 수업은 그들의 일이 아닌 것이 되어간다. 그래서 반 전체가 발표하는 원칙을 세웠다. 모두가 하루에 한 번 이상 발표하는 것이 목표였다. 전체 발표를 못 할 상황이면 모둠 발표를 하고, 그것도 어려우면 짝에게 자기 생각을 말하는 방식으로 수업을 구성했다. 과목별 진도에 따라 발표가 필요 없는 경우면 전체가 발표하지 않는 날은 있어도, 한 명이라도 발표하는 상황에서는 한 명도 빠짐없이 발표하게 했다.

30명 남짓한 학생들이 모두 발표하면 시간이 오래 걸린다. 발표 내용에 따라 한 시간 내내 발표만 하다가 끝나기도 하고, 다음 시간까지 발표가 이어져 다른 과목 진도에 지장을 주기도 했다. 그러나 모두가 발표에 익숙해질 때까지 감내해야 하는 시간이었다. 기회가 주어질수록 아이들은 점점 더 능숙하게 발표했다. 실력이 늘자 발표 시간도 자연스럽게 짧아졌다. '우리 반은 모두 다 발표한다'라는 원칙은 학생 참여형 수업을 실현하고, 아이들 모두를 수업의 주체자로 만들었다.

딱 한 사람, 두려움 씨만 제외하고. 두려움 씨는 3월 첫날 발표 훈련에서 끝내 그 어떤 소리도 내지 않았다. 소리는커녕 달달달달 떨고 있었다. 티셔츠 안에서 소매를 잘근잘근 물어뜯으며. 그에게는 발표 방법이 중요하지 않았다. 여러 사람 앞에서 혼자 소리를 내야 하는 상황만이 공포로 다가왔을 뿐이다.

모두 다 발표하는 학급에서 두려움 씨만 예외를 적용할 순 없었다. 어려움을 극복하고 발표하기 위해 노력하는 아이들에게 그것은 불공정한 차별일 수 있었다.

어떻게 두려움 씨를 지도해야 할까? 발표에 대한 공포를 어떤 방식으로 풀어야 할까?

두려움 씨의 발표 극복기

　우리 반 학생들의 발표 실력은 나날이 향상되었다. 무엇보다 발표에 대한 부끄러움이 사라지고 자신감이 생겼다. 처음에는 자발적으로 발표하는 두세 명이 정해져 있었다. 그러나 점점 앞 순서에 발표하기 위해 손을 드는 인원이 늘어났다. 손을 끝까지 들지 않아도 담임은 용케 알아차리고 마지막 한 사람까지 꼭 발표시켰기에, 아이들은 '어차피 해야 할 발표라면 차라리 일찍 하고 편하게 듣자'는 생각을 하게 된 듯하다. 아마도 먼저 발표해서 칭찬이라도 받자는 마음이었을 것이다.

아이들이 지혜로워질수록 발표 달인들의 수가 증가했다. 자발적으로 발표하기 위해 열심히 주먹 쥔 손을 들었다. 궁금한 점을 질문할 때도 주저함이 없었다. 검지를 하나 펴서 질문을 표시하며 손 드는 학생들도 늘어났다. 자기 생각을 표현하는 것을 더 이상 어려워하지 않았다. 전체 발표뿐 아니라 모둠 활동에서도 서로 의견을 교환하는 일을 즐거워했다.

햇빛을 받아 쑥쑥 자라는 새싹처럼 친구들의 발표 솜씨가 쭉쭉 성장할 때, 유독 어두운 그림자가 드리운 곳이 있었다. 바로 두려움 씨의 자리였다. 그의 발표 공포는 쉽사리 사라지지 않았다. 평소에도 말수가 없었지만, 발표 순간에는 각종 불안 증상까지 나타났다. 처음에 두려움 씨는 티셔츠 속에 얼굴을 묻고 눈물을 흘렸다. 눈물이 멈추었을 때쯤엔 사시나무 떨듯 덜덜 떠는 증상이 한동안 지속되었다. 입으로 소리를 내는 일은 불가능해 보였다.

두려움 씨 발표 차례가 되면 시간을 두고 기다렸다. 다른 아이들 먼저 발표하고 다시 기회를 주기도 했다. 다음에는 할 수 있다고 약속하기를 수십 번. 그러나 아이는 발표 순간이 되면 어김없이 생각도, 마음도, 말도, 몸도, 얼음이 되는 듯했다.

두려움 씨는 과연 발표할 수 있을까? 학급에서 그의 목소리를 듣는 날이 찾아올까? 모두 다 발표한다는 목표는 100퍼센트 실현될 수 없는 것인가?

두려움 씨 발표 차례가 되면 긴장하는 사람은 두려움 씨만이 아니었다. 나머지 아이들도 조마조마하며 기다렸다. 오늘은 두려움 씨가 자리에서 일어날까? 내일은 두려움 씨가 소리를 낼까? 하지만 아이들은 걱정만 하지 않았다. 두려움 씨를 향해 응원의 말을 건넸다.

"두려움 씨 괜찮아요. 할 수 있어요."

"우리도 처음에 그랬어요. 두려움 씨 마음 다 알아요."

매번 두려움 씨 차례가 되면 원활하던 수업이 막히고 지체됐다. 짜증이 날 법도 한데, 아이들은 투덜거리기는커녕 예쁜 말로 두려움 씨를 격려했다.

"두려움 씨 우리가 기다려줄게요."

"천천히 해도 돼요."

2주가 지났다. 마법이 일어났다. 두려움 씨가 발표하기 위해 자리에서 일어섰다. 여전히 떨고 있었다. 그러나 다리의 얼음 상태가 풀렸다. 아무 말도 안 하고 우두커니 서 있을 뿐인데, 아이들은 박수갈채와 환호성을 쏟아냈다.

"와! 두려움 씨 잘했어요. 멋져요."

또 2주가 흘렀다. 한 사람씩 국어 교과서를 돌아가며 읽고 있을 때 두려움 씨가 소리를 냈다. 들릴까 말까 한 작은 소리였다.

"여러분 두려움 씨가 책 읽는 소리 들었나요?"

"네, 아주 잘 들렸어요."

"야호! 드디어 두려움 씨 목소리를 들었어요."

착한 친구들의 귀에는 입만 움직인 수준의 두려움 씨의 작은 목소리가 또렷이 들렸나 보다. 아이들은 진심으로 기뻐했다. 두 번째 마법이었다.

마법은 계속해서 이어졌다. 두려움 씨는 발표 차례가 되자 자리에서 일어나 단어를 말하기 시작했다. 다음은 문장을 이야기했다. 목소리가 점점 커졌다. 두려움 씨가 한 단계 한 단계 성공할 때마다 아이들은 축하와 응원을 아끼지 않았다.

"두려움 씨 최고!"

"역시 우리 두려움 씨. 해낼 줄 알았어요."

"두려움 씨 이제 발표의 달인이에요."

두려움 씨는 이제 발표 앞에서 막힘 없는 '당당 씨'가 되었다. 그 누구도 당당 씨가 발표할 차례에 긴장하지 않는다.

"발표 달인 당당이가 발표하겠습니다." (박수 두 번 짝짝!)

해마다 학급에는 발표 두려움 씨가 존재한다. 그러나 두려움 씨가 공포를 극복하지 못한 적은 단 한 번도 없었다. 7년 전 만났던 두려움 씨도, 4년 전 함께했던 두려움 씨도, 올해 두려움 씨도 모두 당당 씨가 되었다. 두려움 씨가 당당 씨로 변신하는 마법은 어떻게 일어났을까?

마법 주문이 있었기 때문이다. 친구들의 따뜻한 응원과 격려와 칭찬은 강력한 힘을 발휘했다. 발표 당당 씨를 탄생시킨 마법 주문은 친구들의 높임말이었다. 해리포터 마법 학교가 이보다 더 신기할까?

아이들은 매일 발표하며 자신의 말을 들어주는 친구들의 반응이 얼마나 중요한지 알게 되었다. 어느새 친구의 발표에 자연스럽게 귀 기울이고, 좋은 의견이나 멋진 태도에는 감탄과 박수를 아끼지 않았다. 적극적인 발표자와 경청하는 청중의 역할을 동시에 하며 아이들은 한마음으로 깨달았다. 두려움 씨를 격려하고 응원하여 함께 성장해야 한다는 것을. 그 마음이 두려움 씨를 당당 씨로 변신시키는 마법을 탄생시켰다.

친구들이 전하는 마법의 힘으로 두려움 씨가 당당 씨가 되고 나자, 그다음은 당당 씨 스스로 더 큰 마법을 만들어냈다. 친구들과 활발하게 교류하고, 학급을 위해 봉사했다. 친구들이 생각지도 못한 아이디어를 내며 존재감을 드러냈다. 적극적인 사람으로 재탄생하는 것이다.

당당 씨까지 합류하여 우리 학급은 모두가 발표하는 목

표를 100퍼센트 달성하게 되었다. 조마조마하게 기다릴 일도 걱정하며 망설일 일도 없으니 수업은 더 활기를 띠었다. 서로 먼저 발표하겠다고 손을 번쩍번쩍 들었다. 이번엔 자기 차례겠지 기다리다가 다른 사람이 호명되면 살짝 힘 빠지는 표정을 짓기도 했다. 그러나 이내 다시 손을 높이 올렸다. 어차피 다 발표할 것이고, 자기 차례는 분명 돌아온다는 걸 알기 때문이다. 혼자 일어서서 이야기할 때의 심정을 알기에 친구들의 발표를 열심히 경청하고 호응했다. 발표력을 갖춘 아이들은 토의와 토론 활동을 좋아하게 되었다. 프리젠테이션을 활용한 조사 보고까지 멋지게 해냈다.

아이들의 변화는 능동적인 수업 참여에서 끝나지 않았다. 발표하며 얻은 자신감을 생활 곳곳에 적용하며 사회성을 키워나갔다. 학부모님들께서 놀라워하며 들려주시는 기쁜 소식에서 세상을 향한 아이들의 발돋움이 느껴졌다.

"요즘 우리 아이가 밖에서 이웃들에게 인사를 얼마나 잘하는지 몰라요. 예전에는 어른들을 만나면 제 뒤에 숨었거든요. 밝고 씩씩해졌다고 동네 사람들한테 칭찬을 많이 받아요."

"자꾸 외부 활동을 신청하겠다고 해요. 원래 이런 아이가 아니었는데 어떻게 이렇게 적극적인 사람이 되었는지 신기해요."

자기표현은 인간의 본능이다. 어떤 방식으로든 사람은 자신의 존재와 의미를 드러내게 마련이다. 학급에서 눈에 띄지 않는 소극적인 아이들도 자기를 표현하는 자신만의 방법을 분명 가지고 있다. 어쩌면 어른들은 발표라는 보기 좋은 방법으로 아이들의 자기표현 방법을 획일화하고 있는지도 모르겠다. 그러나 빠르게 변화하는 세상에서 중심을 잡기 위한 자기표현 방법으로 발표가 필요하다면 어른들이 도와야 한다.

　아이들은 누구나 발표 잠재력을 가지고 있다. 지속적인 발표 기회가 주어진다면 아이들의 잠재력은 반드시 발현된다. 목소리 톤과 크기, 구어체를 발표식을 바꾸는 방법, 일어섰을 때 자세, 발표 전후 인사하는 방법 등 구체적인 발표 방법을 자세히 알려주어야 한다. 내가 수업의 주체자라는 것을 인식하고, 꾸준히 훈련하면 발표 달인은 분명히 탄생한다. 발표하는 아이들은 자신도 모르는 사이에 열심히 자기를 표현하며 학교 안팎에서 적극성을 발휘한다. 성장하는 아이들에게 더 큰 자신감을 선물하기 위해, 오늘도 우리 학급은 모두 다 발표한다.

고맙습니다
미안합니다

6학년 담임을 하던 해, 하루는 1학년 선생님 한 분이 업무 때문에 우리 반에 잠깐 들르셨다. 점심시간이었다. 선생님은 교실 문을 열었다가 깜짝 놀랐다.

"어머! 죄송해요. 수업 중이신 줄 모르고……. 그런데 지금 점심시간 아니에요? 왜 이렇게 조용해요?"

6교시에 외부 강사 특별 교육이 계획된 날이었다. 원래 5, 6교시에 하던 미술 수업을 4교시와 5교시에 하게 되었다. 아이들은 4교시에 시작한 미술 활동을 점심시간에도 조용히 이어갔다. 절대로 담임이 강요한 게 아니었다. '재미있는 만들기'라는 내적 동기가 점심시간에도 아이들을 집중시켰다. 담임이 한 일이라고는 잔잔한 배경음악을 틀어놓은 것이 전부였다.

"6학년들은 점심시간에도 조용히 있을 수 있는 거예요? 1학년들은 수업 시간에도 시끄러워요."

선생님은 1학년 본인의 학급과 상반된 우리 교실 모습에 상당히 놀랐다.

우리가 업무 이야기를 나누는 그 사이에도 아이들은 자기 작품에 몰입하고 있었다.

"쨍!"

순간 정적을 깨는 날카로운 소리가 났다. 시선이 일제히 소리가 난 곳으로 향했다. 금속으로 만들어진 한 학생의 색연필 케이스가 책상에서 떨어졌다. 48색 색연필이 우수수 바닥으로 쏟아졌다.

주변 친구들이 모두 바닥으로 몸을 낮추어 색연필을 줍기 시작했다. 아무 소리도 나지 않았다. 색연필을 주워 케이스에 담는 손길만 분주했다. 삽시간에 색연필은 케이스에 원상 복구되었다.

"미안합니다."

실수로 색연필을 떨어뜨린 학생이 친구들을 향해 고개

숙여 사과했다.

"괜찮습니다."

주변 친구들이 대답했다.

"색연필 주워주셔서 고맙습니다."

감사 인사도 놓치지 않았다. 모두 미소 지으며 상황 종료. 다시 미술 작품 활동에 몰두했다.

이 모습을 지켜본 1학년 선생님은 믿기지 않는 듯 입을 다물지 못했다.

"이건 문화적 충격이에요. 저렇게 점잖게 끝난다고요? 아니, 어떻게 아이들끼리 높임말을 해요? 어떻게 '미안합니다', '괜찮습니다,' '고맙습니다'를 저렇게 자연스럽게 말해요?"

1학년 교실에서는 있을 수 없는 일이라며, 그녀는 '문화적 충격'을 받고 놀란 채로 돌아갔다. 또 다른 누가 같은 장면을 목격했더라도 반응이 크게 다르지 않았을 것이다. 이것이 우리 학급의 일상이었다. 우리에겐 특별함이 전혀 없는 보통 날이었다.

우리 반 아이들이 점잖고 의젓해 보이는 건, 단지 1학년 동생들보다 다섯 살 더 많아서일까? 6학년이 되면 고맙고 미안하다는 말이 저절로 나오게 되는 것일까? 절대 아니다. 4학년을 맡았을 때도 5학년 담임이었을 때도 우리 반은 동급생들과 비교하여 남달랐다. 사용하는 언어가 다르기 때문이었다.

아이들은 '친구들끼리 높임말 사용'이라는 큰 산을 넘자, 뒤에 있는 '예쁜 말' 언덕을 아주 쉽게 올라갔다. 예쁜 말 인사가 하루에도 수십 번씩 들렸다. 따로 지도하거나 시키지 않았다. 높임말은 예쁜 말을 자동으로 나오게 했다.

아이들은 서로 도움을 주고받았다. 도움받은 이는 고마운 마음을 잊지 않고 표현했다.

"제가 도와드릴까요?"

"도와주셔서 감사합니다."

1년이라는 시간 동안 매일 만나 수없이 도움을 주고받는 사이이지만, 감사 인사를 절대 빼먹지 않았다. 그리고 친구끼리 그럴 수도 있지 무심하게 넘길 법한 사소한 실수에도 반드시 미안함을 나타냈다. 갈등이 생길 수 없었다. 발생한다 해도 바로 해결되었다.

"어머! 죄송합니다. 괜찮으세요? 안 아프세요?"

"괜찮습니다. 안 아파요. 다시 하면 됩니다."

우리 학급은 긍정의 언어로 가득 찼다. 높임말은 고운 말 자동 생성기였다. 그칠 줄 모르는 이 장치는 고운 말을 쉼 없이 퐁퐁 만들어냈다.

항상 즐겁게 학교생활을 하는 우리 반 감성 풍성 씨는 글, 그림, 발표를 통해 자신이 우리 학급의 구성원이라는 사실이 감사하다고 수시로 표현했다. 선생님과 친구들에게 정말 고맙다고 했다. 감성 풍성 씨는 원래 감성이 풍부하고 생각을 잘 드러내는 소녀라고 생각했다. 그게 아니라는 걸 알게 된 건 어머님과 상담할 때였다.

"요즘 우리 아이가 학교 갔다 오면 알아서 할 일을 참 잘해요. 그리고 갑자기 안 하던 감정 표현을 그렇게 하네요. 엄마 딸인 게 고맙다고 하고, 맛있는 음식 만들어주어서 고맙다고 하고, 친구들과 놀게 해주어서 고맙다고 하고. 아주 당연한 것도 감사하대요."

달라진 자녀의 모습에 신기해하는 어머님 못지않게 나도 감성 풍성 씨가 신통방통했다. 친구들과 높임말 소통 산을 넘고 예쁜 말 언덕을 오르며, 아이들은 예쁜 말 생성기를 집까지 가지고 간 것이다. 가정에서도 생성기를 작동시키며 고마움을 표현했다.

가족에게 고맙거나 미안한 마음은 누구나 가지고 있다. 그러나 그것을 말로 표현하는 건 그리 쉬운 일이 아니다. 가깝기 때문에 말 안 해도 알 거라는 생각은 착각이다. 가족끼리 굳이 말할 필요가 있냐는 의문은 오산이다. 가까운 사이일수록 예의를 지켜 인사하고 마음을 전해야 한다. 그래야 가까운 사이가 더 돈독해진다.

아이들은 커갈수록 가족보다는 친구를 중요하게 여긴다. 그러나 가장 가까운 존재는 가족이라는 사실은 변함없다. 학교에서는 친구들에게 고마운 마음, 미안한 마음을 자연스럽게 말하는 우리 아이들이 과연 가정에서도 같은 말을 하고 있을까? 가족끼리 쑥스럽지 않게 고마움을 표현하고, 민망하지 않게 사과하고 있는지 생각해볼 일이다.

행복하겠습니다
공감하겠습니다
배려하겠습니다

코로나 팬데믹 이전에는 악수가 등교 인사였다. 에너지 넘치는 날에는 하이파이브를 나누었고, 유독 씩씩하게 인사하는 아이들은 안아주기도 했다. 담임과의 따뜻한 스킨십으로 하루를 열곤 했다. 하지만 코로나는 우리 반 아침 인사를 불가능하게 만들었다. 새로운 아침 인사가 필요했다.

그 시기에 학급 운영 및 교실 놀이 전문가 쏭쌤의 연수를 들었다. 선생님의 교육 철학과 학급 경영 방침이 나와 매우 유사해서 배울 점이 많았다. 버릴 것 하나 없이 알찬 연수 내용 중 쏭쌤의 아침 등교 인사에 눈이 확 뜨였다. 바로 '가위바위보 인사법'이었다. 높임말 쓰는 우리 학급에 딱 맞는 인사 방법이었다. 즉시 학급에 적용하기로 했다. 연수에서 제공한 가위바위보 인사 안내판을 칠판에 부착했다.

우리 반 아이들이 매일 아침 교실 문을 열고 제일 먼저 하는 것은 담임과 가위바위보 한판이다.

"가위바위보." (담임을 이겼을 때 배꼽 손) "행복하겠습니다."
"가위바위보." (담임과 비겼을 때 배꼽 손) "공감하겠습니다."
"가위바위보." (담임에게 졌을 때 배꼽 손) "배려하겠습니다."

아침부터 가위바위보로 선생님을 이겼으니, 이 얼마나 행복한 일인가? 같은 손 모양으로 비겼다면 선생님과 마음이 통했다는 뜻, 공감하는 사이가 되었다. 가위바위보에서 졌다고 슬퍼할 이유가 없었다. 상대에게 승리의 기쁨을 주었으니 나는 배려하는 넓은 마음의 소유자이다. 5초도 안 되는 짧은 시간이지만, 매일 아침 학생과 교사가 가위바위보로 소통하며 하루를 시작한다.

말은 습관이다. 한 번도 입 밖으로 내뱉지 않은 소리는 결코 자연스럽게 발화할 수 없다. 높임말로 대화하며 '고맙습니다. 미안합니다'를 수시로 말하는 우리 교실에 '행복하겠습니다. 공감하겠습니다. 배려하겠습니다'라는 말은 너무나 잘 어울렸다. 학교에 오자마자 매일 예쁜 말을 외쳤다. 그러자 행복,

공감, 배려의 용어를 사용하는 것이 너무나 자연스러워졌다.

행복 씨는 새 학년이 시작된 뒤 두 달 동안, 아침 가위바위보 인사에서 매번 비기거나 졌다고 했다. 한 번도 나를 이겨본 적이 없단다. 꼭 이겨서 "행복하겠습니다"를 외치고 싶다는 5학년 아이의 간절함. 행복 씨는 5월부터 가위바위보에서 담임 이기기 도전을 시작했다.

그냥 행복 씨가 이긴 것으로 해줄 테니 '행복하겠습니다' 하고 인사하라고 해도 싫다고 했다. 정정당당하게 이겨서 자신 있게 인사하겠단다. 3, 4월 거의 40번의 가위바위보를 했을 텐데, 단 한 번도 이긴 적이 없다니 신기한 일이었다. 행복 씨의 도전이 충분히 이해되었다.

도전은 쉽사리 성공하지 않았다. 다음 날도. 그다음 날도.

"가위바위보." (행복 씨가 졌다.) "배려하겠습니다. 내일은 행복하겠습니다."

"가위바위보." (비겼다.) "아~ 아깝다. 그래도 공감하겠습니다."

매일 비기고 졌지만, 행

복 씨는 실망하거나 포기하지 않았다. 항상 긍정의 말로 씩씩하게 인사했다. 그는 이 도전을 즐기는 것처럼 보였다.

며칠이 지났을까?

"가위바위보."

담임은 바위, 행복 씨는 보자기. 드디어 행복 씨 승!

"앗싸! 선생님, 행복하겠습니다. 오늘 정말 특별히 행복하겠습니다!"

'앗싸'를 외치며 행복 씨는 손을 높이 치켜들고 점프했다. 신이 났다. 인사하는 목소리가 우렁찼다. 행복 씨는 그 순간 세상에서 제일 행복한 사람이었다. 펄쩍 뛰며 좋아하는 행복 씨의 모습에 나도 덩달아 기뻤다. 가위바위보에서 지고도 행복하긴 처음이었다.

몇 초간의 가위바위보와 의무적으로 하는 말이 과연 아이들에게 의미가 있을까?

가위바위보 인사말은 현재형이 아닌 미래형이다. 오늘 하루 스스로 행복하겠다는 다짐, 다른 사람에게 공감하고 배려하겠다는 약속이다. 뭐든 말대로 되는 법이다. 행복하겠다고 하면 행복해지고, 공감하겠다고 말하면 공감하는 사람이 되며, 배려하겠다고 약속하면 배려를 실천하게 된다. 실제로 아이들은 친구의 상황에 공감했고, 자기보다 타인을 먼저 배려했다. 당연히 학교생활은 행복할 수밖에 없었다.

     교실을 들어서자마자 가위바위보를 하며, 우리 반은 즐겁게 미래를 예견하고 약속한다. 아침부터 시작되어 온종일 우리와 함께하며, 행동이 되고 마음이 되는 예쁜 말. 행복하겠습니다. 공감하겠습니다. 배려하겠습니다.

칭찬 달인이 된 아이들

 우리 반은 '높임말 프로젝트'와 더불어 학급 특색으로 '1일 1 칭찬 제도'를 운영한다. 매일 모든 학생이 한 번 이상 칭찬받는다. 그리고 칭찬 내용을 '행복 일지'에 기록한다.

 1일 1 칭찬 제도와 행복 일지 기록은, 아이들의 자존감을 키워주고 싶은 마음에서 비롯되었다. 사랑받고 있지만 사랑인 줄 모르고, 관심받고 있지만 스스로 인정하지 않는 아이들의 모습이 안타까웠다. 자신의 가치를 알지 못해 자존감이 낮은 아이들의 모습이 속상했다. 표현해주지 않고 알려주지 않은 어른 탓이라는 생각이 들었다. 학교에서 담임이라도 하루에 한 번 아이들을 칭찬해주리라 결심했다.

다짐만으로는 실행력이 부족했다. 칭찬을 학급 특색으로 정하고, '1일 1 칭찬 제도'라는 이름도 붙였다. 칭찬의 법칙을 지키며 열심히 칭찬했다. 선행 즉시 칭찬하고, 작은 일도 구체적으로 칭찬했다. 결과보다는 과정을 칭찬하고, 앞으로 발전 가능성을 칭찬했다. 모든 아이를 매일 칭찬하기 위해 의식적으로 노력했다.

그러나 아이들의 반응은 예상 밖이었다.

"선생님, 이 말이 칭찬이에요?"

헉! 칭찬에 노출되어 본 적 없는 아이들은 그 상황에 익숙하지 않았다. 칭찬을 듣고도 칭찬인 줄 몰랐다. 알아차렸다 해도 칭찬 상황 자체를 부끄러워하거나 왜 칭찬을 듣는지 어리둥절했다. 어떻게 반응해야 할지 몰라 애매하게 어색한 표정만 지었다.

칭찬 상황을 인식시킬 필요가 있었다. 칭찬의 말을 들을 때, 그것이 칭찬임을 분명히 알 수 있도록 하려면 어떻게 해야 할까? 어느 날 전통 시장에 갔다가 머리에서 전구가 번쩍 빛을 밝히는 느낌을 받았다. 초대형 주걱을 발견했다. 길이가 내 팔보다 길었다. 이거다 싶었다. 즉시 구입한 뒤 주걱의 둥근 머리에 '참 잘했어요' 표시를 부착했다. 일명 '칭찬 주걱'이

탄생했다. 칭찬 주걱이 우리 반 칭찬 상징물이었다. 아이들을 칭찬할 때마다 칭찬 주걱을 높이 들었다. 칭찬이 확실히 보였다. 아이들은 그제야 칭찬을 칭찬으로 바로 인지할 수 있게 되었다.

그런데 또 문제가 있었다. 칭찬받는 순간 그렇게 기뻐했건만 그때뿐이었다. 아이들은 칭찬 내용을 잘 기억하지 못했다. 칭찬받았다는 사실조차 금세 잊었다.

"아까 칭찬을 듣긴 들었는데 뭐였더라? 기억이 안 나요."

"오늘 칭찬 안 받았는데요."

띠용! 이럴 수가! 듣기 좋은 말이라고 항상 기억에 오래 남는 법은 아니었다. 어떻게 하면 휘발되는 칭찬을 잡아놓을 수 있을까?

그래서 만든 게 칭찬 기록장 일명 '아름다움이 커지는 행복 일지'였다. 칭찬받는 시간, 상황, 칭찬한 사람, 들었던 칭찬의 말을 매일 기록하게 했다. 칭찬받았다는 사실만 적는 게 아니라 칭찬의 말을 들은 그대로 상세하게 썼다. 까먹기 전에 칭찬받은 즉시 기록을 원칙으로 했다. 매주 금요일에는 가장 좋았던 칭찬과 활동을 기록하며 한 주 학교생활을 돌아보았다. 이제 칭찬은 금방 사라지지 않았다. 아이들의 행복 일지에 고이고이 저장되었다. 학년을 마칠 때는 한 권의 책이 되어 소중한 보물이 되었다.

매일 차곡차곡 쌓이는 칭찬은 놀라운 힘을 발휘하며, 아이들을 춤추게 했다. 아이들은 칭찬에 감사한 마음을 키우고, 학교생활의 의미를 찾았다. 가장 큰 변화는 아이들의 적극성이었다. 성취감을 느낀 아이들은 새로운 일에 더 적극적으로 도전했다. 학업, 발표력, 사회성, 운동 기능 향상은 당연한 결과였다.

향상 씨의 행복 일지를 검사하다가 가슴이 뭉클했던 순간을 잊을 수 없다.

"참 신기하다. 내가 원래 이런 사람이었나? 이토록 가치 있는 사람인지 몰랐다. 이렇게 칭찬받을 일을 많이 하는 사람인지 몰랐다. 내 안에서 뭔가 마구마구 샘솟고 있다. 계속해서 피어오르는 것을 느낀다."

조용하고 새치름한 성격이었던 향상 씨는 달라졌다. 어떤 활동에도 정성을 쏟으며 자신감을 보였다. 향상 씨 안에서 자존감과 자기애가 샘솟았다. 열정과 가능성이 피어올랐다.

칭찬받는 일이 익숙해지고 자신감이 높아진 아이들에게 변화가 생겼다. 칭찬하는 방법을 익혀 친구를 칭찬하기 시작했다. 칭찬받는 것도 부끄러웠던 아이들이 칭찬을 베푸는 사람이 되었다. 3월 초 행복 일지에는 담임에게 받은 칭찬만 가득했다가 어느 순간 친구에게 받은 칭찬이 행복 일지에 등장하더니, 점점 그 비율이 늘어갔다. 내가 많은 에너지를 쓰지 않아도 칭찬 기술을 익힌 아이들로 인해 1일 1 칭찬 제도는 자동화 시스템으로 운영되었다.

"새로 만난 짝꿍이 '잘하셨네요. 고마워요. 이쁘네요'라고 칭찬을 많이 해줍니다. 칭찬하는 짝꿍이 너무 좋아요."

"이번 주 △△ 씨에게 감사했습니다. 제가 잘못했을 때 용서해주어서입니다."

"◇◇ 씨가 체육 시간에 응원해주어서 멀리 뛰기 성공했습니다. ◇◇ 씨에게 고맙습니다."

"□□ 씨에게 감사한 일이 있습니다. □□ 씨가 문구점에서 저에게 간식을 사주었습니다."

아이들은 친구의 선행을 기억한 뒤 잊지 않고 감사의 마음을 행복 일지에 표현했다. 칭찬과 응원으로 아이들은 끈끈한 관계를 형성했다. 우리는 높임말로 대화하며 칭찬하는 특별한 사이라는 동질감도 생겼다. 담임이 느낌대로 지은 '아름다움이 커지는 행복 일지' 표지 제목 그대로 아이들은 아름다움을 키우고 행복을 채웠다.

가끔 행복 일지를 가정으로 가지고 가서 부모님의 칭찬 말씀을 손글씨로 받아오게 한다. 부모님의 칭찬은 다양하다. 성실한 학교생활에 대한 칭찬, 가정에서 실천한 선행에 대한 칭찬, 친구들과 칭찬을 주고받는 모습에 대한 칭찬, 담임의 학급 운영에 대한 칭찬. 가정으로 행복 일지를 배부하는 이유는, 학부모님께 자녀의 학교생활을 알리고 안심하실 수 있도록 하기 위함이다. 아이가 매일 칭찬을 들으며 즐겁게 학교생활을 하고 있다는 사실에 부모님은 안도하신다. 하지만 그보다 더 중요한 목적은, 아이들이 부모님의 칭찬을 직접 듣게 하려는 데에 있다.

부모는 보통 칭찬에 인색하다. 자녀를 너무 사랑하지만 표현에 서툴다. 어색함을 이기지 못하고 분명하게 말하지 않는다. 부모 마음을 당연히 알아주길 바라지만, 안타깝게도 아이들은 모른다. 자녀의 담임이 부여한 과제를 수행하기 위해 숙제하듯 하는 칭찬일지라도, 행복 일지에 손글씨로 칭찬을 쓰는 순간만은 진심을 담았으리라. 또렷이 적힌 칭찬을 보고 아이들은 확실히 부모님의 사랑을 느끼리라.

부모님이 쓴 칭찬 말씀을 읽으면 아이를 향한 사랑이 느껴져 나까지 감격스럽다. 부모님의 칭찬이 모이고 모여 아이들에게는 얼마나 큰 힘이 될까? 주기적으로 부모님의 칭찬 말씀을 만나니 부모님의 성격과 자녀 교육관까지 알게 되었다. 신기한 건 칭찬의 발전이었다. 내용도 풍부해지고, 표현도 다채로워지고, 길이도 길어졌다. 점점 감동이 커졌다. 부모님들은 칭찬 전문가가 되어가고 있었다.

작가 수준의 감동적인 칭찬 말씀을 써주시는 칭찬 스타 씨 어머님께 감사 인사를 하자, 어머님은 이렇게 말씀하셨다.

"처음엔 아이의 무엇을 칭찬해야 할지, 행복 일지에 뭐라고 써야 할지 막막했어요. 내 아이를 칭찬하는 게 그렇게 어색하고 어려울 수 없더라고요. 선생님이 내주신 숙제이니까 어쩔 수 없이 했어요. 그런데 칭찬을 말하다 보니 칭찬거리가 생기더라고요. 칭찬을 쓰다 보니 익숙해지더라고요. 선생님, 칭찬하는 법을 알게 해주셔서 감사해요."

칭찬은 훈련이다. 연습으로 길러질 수 있는 능력이다. 의도적으로 노력한다면 누구나 할 수 있다. 칭찬이 어려운 부모님께 꼭 이야기하고 싶다.

"마음으로만 사랑해서는 자녀가 절대 모릅니다. 나중에 알아주겠지 하기엔 자녀가 모르고 흘러갈 부모의 사랑이 너무 아깝습니다. 부족함을 인식했으니 이제 표현을 시작하세요."

언어 감수성을 키우는
높임말

싹싹 씨는 성격이 어찌나 씩씩하고 싹싹한지, 친구들과 나에게 스스럼없이 말을 걸고 자기 생각을 솔직하게 표현하는 학생이었다. 어느 날 옆 학급에 심부름을 다녀온 그의 모습을 잊을 수가 없다. 평온하게 교실을 나섰던 싹싹 씨는 매우 놀란 표정으로 나에게 돌아와 흥분해서 이야기했다.

"선생님, 제가 방금 충격적인 장면을 목격했어요."

"왜 그래요? 무슨 일이에요?"

무슨 큰일이 난 줄 알고 나도 놀라서 물었다.

"글쎄, 옆 반 친구들이 막 화를 내지 뭐예요?"

"옆 반 친구들이 왜 싹싹 씨한테 화를 내요?"

"아니요. 저한테 화를 낸 게 아니라, 자기들끼리 화를 내면서 얘기해요."

"옆 반에 싸움 났어요?"

"싸우는 건 아닌데……."

싹싹 씨는 옆 반의 쉬는 시간 모습을 묘사했다.

"친구들끼리 '야', '니가', '인마' 이렇게 불러요. 욕도 섞어서 말해요. 선생님께 어떤 욕인지 차마 말씀은 못 드리겠어요. 왜 친구한테 욕을 하고 화내면서 말하는지 모르겠어요. 그게 싸우는 게 아니고 뭐예요? 너무 충격적이에요. 듣기 힘들어서 얼른 귀 막고 나와버렸어요."

조금 과장되게 말하는 경향이 있긴 하지만, 싹싹 씨는 매 순간 진심이었다. 옆 반에서 나올 때 정말 귀를 막고 잰걸음으로 우리 교실로 향했으리라.

싹싹 씨는 덧붙였다.

"더 충격적인 건 뭔지 아세요? 옆 반 선생님이 교실에 계셨다는 사실이에요. 선생님이 계시는데 어떻게 그렇게 막 이야기를 할 수 있지요?"

"우리 싹싹 씨 많이 놀랐군요. 아무래도 다른 반은 높임말 쓰는 우리 교실과는 다르겠지요. 옆 반 친구들도 예쁘게 말하면 좋겠네요. 그런데 싹싹 씨, 잠깐 사이 그렇게 많은 걸 보고 느꼈어요?"

    물건을 전달하는 본연의 임무 외에 옆 반 친구들의 언어생활까지 파악하고 온 싹싹 씨가 참 신기했다. 옆 반 친구들은 결코 싸운 것이 아니었다. 높임말에 익숙해진 싹싹 씨에게 친구들이 일상적으로 쓰는 말이 불편하게 들렸을 뿐이다. 높임말을 사용하면서 예전엔 자연스럽게 들리던 반말이 낯설게 느껴졌고, 반말과 욕설의 문제점까지 생각하게 한 것이다.

    높임말 학급을 운영하며 해마다 아이들이 언어에 민감해진다는 사실을 발견하곤 한다. 이해와 공감의 말을 적극적으로 수용하고 긍정의 언어만 구사하기 위해 노력한다. 예전 같으면 그냥 흘려보냈을 칭찬의 말을 예리하게 포착하고, 처음엔 용기가 필요했던 친구 칭찬하기가 일상이 되었다. 반면 반말과 거친 표현은 최대한 자제했다. 혹시 나쁜 소리가 들리면 굉장히 불편해하고 듣기 힘들어했다. 높임말로 대화하는 아이들은 '언어감수성'이 발달하기 때문이다.

    『신지영 교수의 언어감수성 수업』(신지영, 인플루엔셜, 2024)에서 언어감수성을 갖추려면 자신의 언어 사용에 주의를 기울이고 생각하며 말해야 한다고 했다. 처음에는 어렵고 피곤할 수 있지만 언어감수성이 높아진 후에는 크게 피곤하거나 불편하지 않다고 설명했다. 학급에서 높임말 사용이 딱 그렇다. 우리 반 아이들은 높임말이라는 도구로 생각을 잘 담아내기 위해 노력한다. 처음에는 불편하고 어색하다. 의식적으로 노력하지 않으면 안 된다. 그러나 어느 순간 습관이 되어 자연스럽게 학급에 스며든다. 굳이 신경 쓰거나 피곤할 이유가 없다.

 우리 학급에서 1년 내내 높임말을 쓰는 이유가 바로 언어감수성을 높이기 위해서이다. 고운 말과 거친 말을 구분하는 능력, 해도 되는 말과 해서는 안 되는 말을 분별해내는 능력, 그리고 바르고 좋다고 인식한 것을 발화로 실행하는 능력을 아이들에게 길러주고 싶다. 언어감수성이 풍부한 귀를 만들어서 욕설과 비속어를 불편하게 여기고, 바르고 고운 높임말 환경에서 안정을 찾고 자연스러움을 추구하게 하는 것이 학급 높임말 프로젝트의 목표이다.

 세상엔 많은 감수성이 존재한다. 시각, 청각, 촉각, 후각, 미각 같은 감각적 감수성과 정보를 처리하는 인지적 감수성은 안전한 생활과 문제 해결을 위해 필요하다. 아름다움을 인식하는 미적 감수성과 감정을 파악하고 표현하는 감정적 감수성은 개인의 삶을 풍요롭게 한다. 다른 사람을 이해하는 사회적 감수성은 타인과 원활한 관계 형성을 위해 강조되고 있다. 빠르게 진화하는 과학 기술과 사회 변화 속에 앞으로 더 다양하고 새로운 감수성이 등장할지도 모른다.

어른들은 바란다. 우리 아이들이 이 시대에 필요한 여러 감수성을 두루 갖추기를. 그런데 정작 언어감수성을 인지하고 신경 쓰는 어른은 몇이나 될까? 아이들이 학교에서 비속어와 욕설을 일상어처럼 사용하는데도 무신경한 교사들을 보면 속상할 때가 있다. 아이가 거친 말이 난무하는 영상을 시청해도 방치하는 부모를 보면 안타까울 때가 많다.

사회가 이런 걸 어쩌냐고 한탄하는 사람도 있고, 요즘 아이들은 말을 안 들어 교육이 어렵다고 포기한 경우도 있다. 그런데 충격적인 것은 이런 어른들의 상당수가 아이들이 잘못 사용하는 말을 거슬려 하지 않는다는 사실이다. 문제로 인식되지 않으니, 지도도 이루어질 수 없다. 아이들의 언어를 바꾸기 전에, 어른들부터 언어감수성을 가져야 하지 않을까?

2장
높임말로 키워가는 존중과 배려

천천히 하세요
제가 기다릴게요

"아야! 이씨! 야, 왜 발을 밟고 난리야?"

"네 발이 앞으로 튀어나왔잖아. 왜 딱 달라붙고 난리야?"

"빨리 사과해."

"왜 내가 사과해? 네가 먼저 잘못했으니까 네가 사과해."

"당장 사과 안 해?"

"선생님, 얘가 나한테 사과하래요."

"선생님, 얘가 먼저 내 발 밟아놓고 사과 안 해요."

초등 학급에서 매우 흔히 볼 수 있는 모습이다. 아이들 사이의 갈등 원인은 아주 사소하다. 다툼의 시작은 자신이 그

것을 했는지조차 인식하지 못하는 작은 실수인 경우가 많다. 친구들과 마찰 상황에서 아이들은 성급하다. 기다림이란 없다. 마음이 급하니 주변을 돌아보거나 상대의 입장을 헤아리지 않는다.

다툼을 중재하다 보면 종종 어이가 없다. 아이들이 싸우는 주제는 갈등이 시작된 문제 행동이 아니다. 서로의 '말'에 집중되어 있다. 누가 먼저 시작했느냐부터 누가 먼저 사과하느냐까지. 상대가 한 말의 꼬투리를 잡고 공격한다. 공격받은 자는 자신을 저격한 말에 발끈하여 나쁜 말로 상대를 반격한다. 옥신각신하다 보면 최초 문제 상황은 사라진 지 오래다. 말로 상처를 주고받는 행위만 성급하게 반복한다.

높임말로 대화하는 아이들은 많은 긍정적인 변화를 경험했다. 그중 하나가 '기다림의 미덕'이었다. 예쁘게 말하는 아이들은 마음에 여유가 생겼다. 조급해하지 않고 성급하게 판단하지 않았다. 수행 속도가 느린 친구를 재촉하기보다는 속도를 맞추어 기다려주었다. 부정 언어로 결론 내리려 하지 않았으며, 다른 사람의 입장을 배려하게 되었다.

한 친구가 다른 사람의 발을 실수로 밟으면 우리 반에서는 이런 대화가 오간다.

"아야! 실수 씨, 제 발 밟으셨습니다."

"어머나! 미안합니다. 발 괜찮으세요? 제가 모르고 그랬습니다."

"괜찮습니다. 그럴 수도 있지요. 그런데 조금 앞으로 가 주시겠어요?"

"죄송해요. 너무 좁아요. 앞으로 갈 수가 없어요. 너그러움 씨가 뒤로 좀 가주시겠어요?"

"저도 너무 좁아요. (뒤를 돌아보며) 여러분, 뒤로 조금씩만 가주세요. 중간이 너무 좁아요."

기다림의 미덕은 활동 결과물을 제출하는 순간에도 존재했다.

"자, 이제 마무리할 시간입니다. 제일 뒷사람이 자기 줄 활동지를 걷어오세요."

제일 뒷자리에 앉은 아이가 같은 줄 친구들의 결과물을 차례대로 걷었다.

"죄송해요. 저 아직 다 못 했어요. 다른 사람 거 먼저 걷으세요."

천천히 씨가 학습지를 걷고 있는 기다림 씨에게 말했다.

"천천히 씨, 아직 다 못 했어요? 괜찮아요. 천천히 하세요. 제가 기다릴게요."

기다림 씨는 절대 재촉하지 않았다. 오히려 천천히 씨를 격려했다.

"천천히 씨, 그림 완전 짱이에요. 이렇게 잘 그리니까 시간이 오래 걸리는군요."

"고마워요. 저 아직 멀었어요. 제가 다 하고 제출할게요."

"아니에요. 제가 친구들하고 놀면서 기다릴게요. 다 하면 이야기하세요. 제가 제출할게요."

"알겠어요. 고마워요. 제가 최대한 빨리 끝낼게요."

천천히 씨와 기다림 씨의 짧은 대화를 물끄러미 바라볼 수밖에 없었다. 서로를 배려하는 마음이 너무 예뻐서. 공정하게 진행되어야 할 학생 평가였다면 칼같이 시험지를 제출하라고 했을 것이다. 그러나 학습지 몇 분 늦게 낸들 어떠하랴. 예쁜 말로 대화하며 고운 마음을 기르는 것이 더 중요하지.

천천히 씨는 쉬는 시간에 박차를 가해 과제를 끝냈다. 다른 친구들과 시간을 보내면서도, 기다림 씨는 친구가 활동지를 끝낸 것을 어떻게 알았을까? 즉시 천천히 씨의 활동지를 제출하며 자신의 임무를 완수했다. 짧은 시간 두 사람이 나눈 건 단지 과제물 완성과 제출만은 아닐 것이다. 느린 친구를 기다려주는 배려의 마음은 고마움과 연결되어 책임감 있는 태도까지 만들었다.

우리 반은 매주 다양한 주제로 글을 쓴다. 3월 초 아이들은 주제에 관한 경험과 아이디어를 떠올리는 것조차 쩔쩔매고, 고작 8줄 남짓한 글을 쓰는 것도 버거워했다. 그러나 어느새 어떤 주제를 제시해도 글 한 편을 뚝딱 완성했다. 한 페이지를 가득 채우고도 더 쓰고 싶어 시간이 부족하다고 했다. 매주 한 편씩 쓴 글이 차곡차곡 모이자 멋진 작품집이 되었다.

그렇게 매주 쓴 글을 서로 돌려 읽으며 나누었다. 아이들은 글쓰기 자체도 좋아했지만, 친구의 글을 읽고 댓글을 다는 걸 더 재미있어 했다.

돌려 읽으며 댓글 달기도 아이들마다 속도가 천차만별이었다. 후딱 읽고 기계적으로 빨리 댓글을 다는 '숙련자'도 있고, 친구 글을 정독하며 성의 있는 댓글을 여러 문장 써주는 '정성자'도 있었다. 속도를 제한하지 않고 쓰는 대로 공책을 넘기다 보면 정성자들 앞에는 공책이 수북이 쌓였다. 숙련자들은 멍하니 버리는 시간이 많아져 집중력이 흐트러지고 정성자들을 재촉하기 시작했다. 나는 돌려 읽기 속도를 조절하기 위해 종소리를 활용했다.

담임이 종을 땡 치면 자기 앞에 있는 주제 글 공책을 다음 사람에게 넘겼다. 댓글을 일찍 다 써도 절대 먼저 공책을 넘기지 않았다. 다음 종소리가 날 때까지 기다렸다. 자기가 쓴 댓글을 다시 검토하고 다른 사람의 댓글을 읽기도 했다. 정성자들은 종소리 사이 시간을 가늠해 댓글 길이를 조절할 수 있었다. 나는 학급 전체 속도를 고려하여 종 치는 시간을 조정했다.

"죄송해요. 저 아직 댓글 다 못 썼어요."

"괜찮아요. 천천히 하세요. 제가 기다릴게요."

"기다려줘서 고마워요. 다음번엔 공책 빨리 넘길게요."

댓글 정성자와 뒤에 앉은 친구의 대화였다.

"잠시만요. 제가 빨리 할게요."

"아직 다 못하셨군요. 괜찮아요. 천천히 하세요. 제가 공책 여기에 놓을게요. 쓰던 것 다 쓰고 여기 있는 공책 가지고 가세요."

"고마워요."

댓글 정성자와 앞에 앉은 친구의 대화였다.

높임말은 아이들에게 기다림의 미덕을 선물했다. 선물 받은 아이들은 한결 여유 있는 태도로 보답했다. 그리고 배려하는 모습으로 더 큰 선물을 만들어

베풀었다. 신기하리만큼 하루하루 예쁘게 성장하는 아이들의 모습에 나는 '높임말 씨'에게 편지라도 쓰고 싶었다. 우리 아이들을 기다리며 배려하는 사람으로 잘 길러주어서 정말 고맙다고.

기다려주고 배려하는 아이들을 흐뭇하게 바라보고 칭찬하면서, 정작 나는 기다림을 잘 실천하고 있는지 돌아보았다. 무엇이든 제시간에 끝내는 것도 훈련해야 한다며 시간 관리 능력 함양을 명분으로 아이들을 시간에 쫓기게 한 건 아닐까? 이동 시 줄이 늘어지거나 끊어지면 사고 위험이 있다며 안전 교육을 빌미로 아이들을 재촉한 건 아닐까?

하나라도 더 알려주고 하나라도 더 익히게 하고 싶은 담임의 욕심이 학급 운영의 편의성으로 포장되고 교육적 지도로 둔갑한 채 아이들을 다그친 건 아닌지 반성이 되었다. 아이들을 닮아가기로 했다. 우리 아이들의 언어를 빌려보기로 했다.

"아직 다 못한 사람 있나요? 시간 더 주겠습니다. 천천히 하세요. 기다리겠습니다."

아이들의 가정생활은 어떨까? 학급에서처럼 기다림의 미덕을 실천하고 베풀 수 있는 환경일까? 부모님들께 묻고 싶다. 아침에 알람 소리만 요란할 뿐 잠자리에서 일어나지 않는 자녀를 깨우러 방에 들어갔을 때 제일 먼저 한 말은 무엇이었는가? 혼자 등교 준비하는 자녀의 모습이 답답하고 미덥지 않아 던진 말은 무엇이었는가? 게임 삼매경에 빠진 자녀에게 쏟아낸 말은 무엇이었는가? 세월아 네월아 밥을 먹고 있는 자녀에게 날아간 말은 무엇이었는가? 30분이면 끝낼 숙제를 한 시간째 하는 자녀를 향해 내뱉은 말은 무엇이었는가?

매 순간 자녀에게 한 말에 공통적으로 들어간 단어가 있을 것이다. 빨리 빨리. 아침부터 잠들 때까지 아이에게 '빨리 빨리'를 몇 번이나 외쳤는지 곰곰 생각해볼 일이다. 부모가 아무리 재촉해도 아이들의 행동과 생활 속도는 달라지지 않는다. 부모의 조급함은 아이를 불안하게 하고, 빨리 하라는 잔소리는 아이에게 반감만 들게 할 뿐이다.

'빨리 빨리'라는 말 대신, 잠시 한 발짝 물러나 보는 건 어떨까? 어른이 먼저 답답함을 내려놓고 여유를 가져보자. 자녀에게 기다림의 미덕을 선물하자.

"천천히 해. 엄마가(아빠가) 기다릴게."

이 한마디는 자녀에게 기다림을 가르쳐줄 것이다. 아이는 더 큰 여유와 배려로 응답할 것이다. 천천히 씨와 기다림 씨, 댓글 정성자와 앞뒤 친구들이 그랬던 것처럼.

아름다운 사람은
머문 자리도 아름답습니다

 다음 시간은 영어 수업이었다. 영어 교실로 이동하기 위해 아이들은 교실 뒤쪽에 줄을 섰다. 영어 교과서, 공책, 학습지가 든 파일, 필기도구 등 영어실에 가지고 갈 것을 빠짐없이 챙겼다. 어느 순간 이동을 위해 줄을 설 때 잔소리가 필요 없어졌다. 아이들은 각자 자기 위치를 파악하고 착착 알아서 움직였다. 아이들이 교실 뒤 한 줄을 만드는 사이, 나는 책상과 의자 상태를 살펴보았다.
 "책상 위는 깨끗이 정리되었나요? 의자는 책상 밑으로 쏙 집어넣었나요? 오늘은 투명 친구가 오지 않았나요?"

3월 첫날 1년 살이 학급 규칙을 설명하며, 교실에서 다른 장소로 이동 시 지켜야 할 것을 이야기하고 약속했다.

"급식실, 영어실, 체육관, 운동장으로 이동할 때는 반드시 자기 자리를 정리하고 움직입니다. 여러분, '아름다운 사람은 머문 자리도 아름답습니다'라는 말을 아나요?"

'아름다운 사람은 머문 자리도 아름답습니다.'

공공 화장실에 가면 흔히 볼 수 있는 문구이다. 화장실 칸칸이 문 안쪽, 변기에 앉았을 때 딱 보이는 눈높이에 주로 붙어 있다. 이 문장은 '화장실을 깨끗이 사용하시오'라는 명령조의 문장보다 훨씬 부드럽지만 사람을 움직이는 힘이 느껴진다. 일단 화장실 사용자를 '아름다운 사람'이라고 칭찬하고 있지 않은가? 칭찬받은 사용자는 절대 화장실을 더럽게 사용할 수 없다. 머문 자리를 아름답게 만들며 자연스럽게 다음 사용자를 배려하게 된다.

내가 머물렀던 자리를 아름답게 유지하는 일은 공동체 생활을 하는 곳이면 어디라도 필요한 정신이다. 특히 기본 생활 습관을 길러야 하는 어린이들에게는 자신의 공간을 스스로 정돈하는 태도가 필수다. 이는 개인의 영역을 깔끔히 할 뿐 아니라, 학급 전체의 청결을 유지한다는 의미이기도 하다. 앉았던 자리 정리는 저절로 이루어지도록 습관이 되어야 한다.

"수업이 끝난 교과서는 사물함 왼쪽에 세워서 바르게 꽂습니다. 불필요한 물건이 책상에 올라오는 일이 없도록 책상 서랍이나 가방에 보관합니다. 의자는 책상 밑으로 깊숙이 밀어 넣습니다. 여러분이 교실을 나간 후에도 각자 머물렀던 자리는 항상 말끔히 유지되도록 합니다.

여러분은 머문 자리를 아름답게 하는 아름다운 사람입니다. 누군가 여러분 자리를 보면 행복해질 것입니다. 모두 아름다운 사람이 될 준비 되었나요?"

공공 화장실의 아름다운 문구를 활용하여 매일 지도했다. 아이들 대부분이 약속을 잘 실천하여 책상 위를 정리하고 의자를 예쁘게 집어넣었다. 정리 습관이 잘 형성되었다.

그런데 아이들이 일어섰을 때 유독 수업의 흔적을 나타내는 온갖 물품이 책상 위에 널브러진 날이 있었다. 전 시간 수업이 늦게 끝나 부랴부랴 전담 교실로 이동해야 하는 상황이었다. 책상 밑으로 밀어 넣지 않은 의자도 여럿 보였다.

책상을 정리하고 의자를 집어넣으라는 잔소리 대신 나는 이야기했다.

"어머나! 투명 친구들이 많이 왔네요. 누구 자리에 투명 친구들이 앉아 있을까요?"

담임의 갑작스러운 투명 친구 발언에 눈치 빠른 봉사자

들이 줄에서 이탈하여 달려 나왔다. 그리고 들쭉날쭉 삐뚤빼뚤한 의자를 책상 깊숙이 넣으며 이야기했다.

"아이고~ 투명 ○○ 씨, 왜 아직도 여기 앉아 있나요? 영어 수업하러 안 가시나요?"

"투명 △△ 씨, 아직 할 일이 안 끝나셨나요? 제가 책상 위 물건은 서랍에 넣어드리겠습니다."

자리 정리를 안 한 친구에게 왜 정리를 안 했는지 따져 묻지 않고 투명 친구와 대화하며, 친구의 자리를 대신 정리해주고 의자를 밀어 넣었다.

그렇게 투명 친구들이 모두 돌아간 교실은 아름다운 사람이 머물다간 아름다운 공간이 되었다. 이제 마음 놓고 영어실로 향할 수 있었다.

아름다운 사람들에게 나는 기대하는 바가 있다. 학급에서 시키지 않아도 서로 앞다투어 청소 봉사하듯, 부디 가정에서도 자발적으로 자기 방을 청소하기를. 학급에서 자연스럽게 자기 자리를 정돈하는 것처럼 학교 밖에서도 머문 공간을 잘 정리해주기를.

학급에서 반복 훈련으로 습관이 되면 분명 자기도 모르는 사이에 가정에서도 밖에서도 머문 자리를 아름답게 가꿀 것이라는 믿음으로 지도한다. 책상 속과 사물함 정리, 청소 요령, 신발주머니와 우산 관리, 겉옷과 겨울 외투 보관 등, 하나부터 열까지.

시크 씨 어머님과 전화 상담을 할 때였다.
"시크가 생전 안 하던 방 청소를 해서 깜짝 놀랐어요. 왜 갑자기 청소하는지 미스터리였어요. 선생님이 정리 정돈하는 방법을 알려주셨군요!"
전화 너머에서 들리는 시크 씨 어머님의 목소리는 그제야 미스터리가 풀렸다는 듯 후련하게 들렸다. 3월 첫날부터 정리 방법을 알려주고 반복 지도하고 있다고 말씀드린 터였다.
"자녀가 고학년이 되면 정리하겠지 기대하지만, 절대 그렇지 않아요. 아무도 가르쳐주지 않아서 방법을 모르는데, 어떻게 나이를 먹고 학년이 올라간다고 저절로 하겠어요? 청소 안 하는 아이만 탓할 수 없어요. 구체적으로 방법을 알려주지 않은 어른들 잘못이지요."
"아하! 정말 그렇네요. 집에서 한 번도 정리하는 방법을 제대로 알려준 적이 없어요. 청소 안 하는 시크 잘못이 아니었네요. 가르치지 않은 제 잘못이었어요."
시크 씨는 표정 변화가 별로 없었다. 학습 내용을 이해하고 있는지 수업 중에는 판단하기 어려웠다. 하지만 발표와 평가, 모둠 활동, 복습 시간 등 여러 활동을 거치며, 그녀가 얼마나 수업 내용을 쏙 흡수하고 내면화하여 생활 속 지혜로 승화시키고 있는지 알 수 있었다. 이번에도 시크 씨는 학교에서 배우고 익힌 습관을 가정에서 말없이 실천했던 것이다. 딱 이런 순간, 교사로서 보람이 밀물처럼 밀려온다.

"그런데 선생님, 제가 아무리 방 정리하라고 해도 우리 시크 절대 말 안 들었거든요. 선생님은 어떻게 하신 거예요?"

"반복적으로 외쳤지요. 아름다운 사람은 머문 자리도 아름답다. 매번 물었지요. 누구 자리에 투명 친구가 앉아 있을까요?"

"아하! 저도 잔소리 대신 예쁜 말로 해볼게요. 아름다운 시크는 머문 자리도 아름답다. 시크 침대에 투명 시크가 누워 있네."

어머님도 시크 씨처럼, 배우고 깨달은 내용을 가정생활에서 잘 응용하셨으리라 믿는다.

버스 자리
바꾸어도 될까요

　아이들에게 생태 습지 공원으로 떠나는 생태 탐방 소식을 전했다. 아무리 흥분을 자제시켜도 아이들 얼굴에 드러난 신난 표정은 감출 수 없었다. 학교 인근 공원에 가서 오전 활동을 마치고 돌아와 급식실에서 점심을 먹는 짧은 코스였지만 아이들의 마음은 둥실둥실 들떴다. 1학년 입학과 동시에 코로나를 맞이한 안타까운 5학년 아이들에게는 친구들과 떠나는 첫 여행이었기 때문이다.
　"선생님, 버스에서 어떻게 앉아요?"
　생태 탐방 안내가 끝나자마자 아이들이 가장 궁금해하는

것은 버스 자리 배치였다. 학교에서 생태 습지 공원까지는 차로 20분 남짓 거리였다. 짧은 시간 동안 누구와 앉든 무슨 상관일까 싶지만, 아이들에겐 첨예하게 중요한 문제였다.

"버스에서 안전띠 절대 풀지 않고 안전하게 잘 간다고 약속한다면……"

담임의 입에서 어떤 결론이 나올까 기다리는 아이들의 두근두근 마음이 책상을 뒤흔들 기세였다.

"앉고 싶은 사람과 앉게 해주겠습니다."

"와! 우리 선생님, 최고!"

"선생님 사랑합니다."

그렇게도 좋을까? 나는 그 순간 어떤 아이돌 스타도 부럽지 않았다. 작은 것에도 기뻐하는 순수한 팬들의 확실한 애정 공세에 세상에서 제일 행복한 사람이 되었다.

여세를 몰아 버스 자리 정하는 방법을 설명했다.

"일단 친구들과 눈으로 이야기하며 함께 앉고 싶은 사람 두 명씩 짝을 지으세요. 갈등이 생기거나 다툼이 일어나면 선생님이 자리를 정해줄 거예요. 반드시 평화롭게 대화로 짝을 정합니다."

아이들은 신나서 버스 짝꿍을 정했다. 단짝 친구가 있는 아이들은 아무런 문제가 없었다. 그들은 눈빛 한번 착 교환하더니 바로 두 손을 맞잡고 방방 뛰었다. 그러나 쭈뼛쭈뼛 짝꿍을 적극적으로 찾지 못하는 아이도 있고 단짝은 없지만 용기를 장착한 아이도 있기 마련이다. 용기 있는 자가 용기 내어 한마디 하면 짝꿍 해결이다.

"이제 선생님과 모두 함께 가위바위보를 할 거예요. 선생님을 이기는 사람에게 버스 자리 선택권이 주어집니다. 가위바위보에서 이기면 짝꿍과 나와서 원하는 버스 자리에 이름을 쓰면 됩니다."

나는 칠판에 버스 자리표를 붙이며 말했다. 선생님과 가위바위보 해서 내가 이기거나 짝꿍이 이기면 된다. 그러면 버스에서 원하는 친구와 원하는 자리에 앉을 수 있다. 아이들은 반드시 담임을 이기겠다는 결의에 찬 눈빛을 발사했다.

"선생님을 이겨라. 가위바위보!"

최초로 나를 이긴 아이가 쾌재를 부르며 짝과 함께 나와 빈 버스 자리표 앞에 섰다. 수많은 자리 중 어디에 앉을까 행복한 고민을 시작했다.

아이들에게 첨예하게 중요한 문제인 '버스 좌석 결정하기'는 까딱 잘못하면 불만이 발생할 수 있다. 그런데 이런 방식으로 하면 모두 즐겁게 원하는 사람과 선택한 자리에 앉게 된다.

딱 한 가지 문제가 있다. 바로 학급 인원이 홀수인 경우이다. 우리 반 총인원은 25명. 한 명이 짝을 지을 수 없었다. 그렇다고 통로로 이어지는 제일 뒷좌석에 세 명을 앉힐 수는 없다. 너무 위험한 일이었다. 할 수 없이 1명은 버스에서 짝꿍 없이 혼자 앉아야 했다.

그 한 명이 누가 되느냐가 또 중요한 문제가 된다. 꿋꿋 씨, 이해 씨, 따뜻 씨가 남았다. 세 사람 모두 난처한 표정이었다. 이러지도 저러지도 못하는 건 나도 마찬가지였다. 상처받는 사람 없이 훈훈하게 마무리하려면 어떻게 해야 할까? 가위바위보? 주사위 굴리기? 그때 꿋꿋 씨가 말했다.

"제가 혼자 앉을게요. 이해 씨랑 따뜻 씨가 같이 앉으세요. 저는 혼자 앉아도 괜찮아요."

꿋꿋 씨는 평소에도 혼자만의 시간을 잘 보냈다. 그래도 특별한 날인데, 왜 친구와 앉고 싶지 않겠는가? 어른스럽게 이야기하는 꿋꿋 씨가 참 고맙고 기특했다. 자기를 희생하고 친구들을 배려하는 꿋꿋 씨를 크게 칭찬했다.

"꿋꿋 씨, 고맙습니다."

이해 씨와 따뜻 씨가 미안한 표정을 지으며 꿋꿋 씨에게 감사 인사를 했다. 중요한 버스 좌석이 결정되었다.

생태 탐방 당일, 미리 정한 버스 자리에 앉아 안전하게 체험 장소에 도착했다. 생태 교육 전문 강사님과 함께 다양한 체험을 했다. 화창한 날씨까지 도와주어 아이들의 웃음소리가 끊이지 않았다.

모든 활동을 마쳤다. 급식 시간에 맞추어 학교에 도착하려면 서둘러야 했다. 버스에 타기 위해 부랴부랴 줄을 서는데 따뜻 씨가 내 앞으로 다가와 조심스럽게 물었다.

"선생님, 버스에서 자리 바꾸어도 될까요?"

한번 정한 규칙은 쉽게 변경하지 않는 담임을 잘 알 터였다. 따뜻 씨는 왜 자리를 바꾸려는 걸까?

"왜요?"

"꿋꿋 씨가 올 때 혼자 앉았잖아요. 갈 땐 제가 꿋꿋 씨 옆에 앉으면 안 될까요?"

"오~ 우리 따뜻 씨!"

따뜻 씨는 오는 버스에서 혼자 앉은 꿋꿋 씨가 신경 쓰였다. 갈 때라도 버스 짝꿍이 되어주고 싶었던 게다.

"그럼 이해 씨는요?"

이해 씨를 바라보았다. 활짝 웃고 있었다. 자기는 혼자 앉아도 된다는 신호였다. 따뜻 씨와 이해 씨는 나에게 허락받기 전 이미 상의를 마친 상태였다. 두 사람은 어쩜 이렇게 기특한 생각을 했을까? 모든 규칙에는 예외가 있는 법. 허락하지 않을 수 없었다.

"친구를 생각하는 따뜻 씨, 이해 씨 마음 너무 예뻐요. 고마워요."

두 사람을 칭찬했다. 열심히 생태 놀이 하느라 벌겋게 상기된 두 사람의 얼굴이 태양 빛보다 더 환하게 빛났다.

학교로 돌아오는 버스 안에서 꿋꿋 씨와 따뜻 씨가 함께 앉고, 이해 씨는 건너편 의자에 나란히 앉았다. 셋이서 재미있게 끝말잇기를 했다. 적당한 단어가 떠오르지 않아 위태로운 순간도 있었지만, 서로 기지를 발휘해 힌트를 주며 끝말잇기는 좀처럼 끝나지 않았다. 하하 호호 까르르. 나는 세 사람의 따뜻한 배려심이 끝말잇기처럼 오래도록 이어지기를 바랐다.

아이들은 어른들이 예상하지 못한 생각을 할 때가 있다. 엉뚱한 생각, 이상한 생각, 재미있는 생각. 가끔은 어른을 능가하는 따뜻한 생각, 달콤한 생각, 말랑말랑한 생각을 하기도 한다. 이 모든 것이 아이다움이다. 우리 반 아이들처럼 공감, 양보, 배려, 친절을 베푸는 힘이 아이다움에서 나온다면, 영원히 어린이로 살며 순수함을 간직해야 하는 것은 아닐까? 어른이 아이들에게서 배운다.

의자 물어보지
말고 쓰세요

　드디어 여름 방학식. 아이들은 4교시 수업을 마치고 하교했다. 나는 혼자 텅 빈 교실에 남았다. 1학기에도 참 많은 일이 있었다. 아이들과 함께했던 순간들이 장면 장면 영화 포스터가 되어 홍보 영상처럼 눈 앞에 펼쳐지는 듯했다. 한 학기 동안 크게 성장한 아이들에게 새삼 고마운 마음이 들었다.
　교실 정리를 시작했다. 방학식 며칠 전부터 아이들은 가정으로 가지고 가야 할 개인 물품을 조금씩 나누어 가지고 갔다. 전날 아이들이 신나게 방학 맞이 대청소를 한 덕분에 크게 정리할 것은 없었다. 교실 뒤쪽부터 하나하나 점검을 시작했다. 그때 학생 의자 하나가 눈에 들어왔다. 의자 등받이 뒤에 흰 종이가 붙어 있었다.

"의자 물어보지 말고 쓰세요."

포용 씨가 꾹꾹 눌러 쓴 글씨, 자기 의자를 마음껏 사용해도 된다고 친구들에게 보내는 허용의 메시지였다.

우리 반 아이들은 다른 사람 물건을 함부로 다루지 않았다. 친구 물건으로 장난을 치거나, 허락 없이 사용하지 않았다. 떨어지면 얼른 주워 주인에게 건네고 망가지면 함께 낑낑거리며 고쳐주었다. 다른 사람의 의자를 써야 할 상황이 생기면 반드시 허락을 구했다.

"○○ 씨 의자에 앉아도 될까요?"

"□□ 씨 의자 좀 써도 될까요?"

예쁜 말로 정중하게 물으니, 안 된다고 거절하는 사람은 단 한 명도 없었다. 남의 물건을 함부로 다루어서 다툼으로 이어지는 일은 일어나지 않았다.

포용 씨는 그 허락마저도 받지 않아도 된다고 했다. 포용 씨는 항상 그랬다. 너그럽게 친구들을 감싸주고 받아들였다. 그러면서도 자신을 크게 드러내거나 선행을 티 내는 법이 없었다. 자기 일을 빨리 끝낸 뒤 묵묵히 친구들을 도와주었다. 칼림바 정리, 모둠 활동 뒷정리, 작품 게시, 교실 청소 등 언제 등장했는지 슈퍼맨처럼 짜잔 나타나서 학급을 위해 봉사하고 있었다.

포용 씨의 행복 일지에는 이런 내용이 자주 등장했다.

"선생님께 감사하다. 그냥 청소하고 있었는데 칭찬해주셨기 때문이다."

"그냥 내가 할 일을 했을 뿐인데, 칭찬해주신 선생님께 감사하다."

나는 포용 씨의 봉사와 선행을 자주 칭찬했지만, 정작 그는 자신이 한 일을 칭찬받을 만한 대단한 행동이라고 여기지 않았다. 마땅히 자기가 해야 할 일을 할 뿐이었다. 그래서 생각지도 못한 칭찬에 기뻐하고 감사한 마음을 표현했다.

포용 씨의 마음이 담긴 의자 쪽지에 내 마음도 따뜻해졌다. 그의 쪽지를 본 친구들의 마음도 이와 같았을까? 이 메시지를 보고 몇 명이나 포용 씨의 의자를 마음 편히 사용했을까? 그는 도대체 언제 이 쪽지를 의자에 붙여놓은 걸까? 나는 왜 이것을 이제서야 발견했을까?

몇 시간만 일찍 발견했더라면 얼마나 좋았을까? 아이들이 하교하기 전에 포용 씨를 칭찬했어야 했는데. 그의 너그러운 마음을 알아주고, 친구를 향한 따뜻한 선행을 함께 나누었어야 했는데.

포용 씨 의자에 붙은 쪽지를 떼지 않고 그대로 두었다. 3주간의 방학을 마치고 돌아오는 개학식 날, 꼭 포용 씨를 칭찬하리라 다짐했다. 그의 의자는 1학기 마지막 감동이었다. 방학 기념으로 담임에게 남기고 간 선물 같았다.

여름 방학이 끝나고 2학기 개학식 날이 되었다. 포용 씨 의자의 쪽지는 방학 동안 안녕히 잘 있었다. 개학식이 끝나고 포용 씨를 칭찬하기 위해 물었다.

"여러분, 포용 씨 의자 등받이를 보세요. 쪽지가 붙어 있지요? 뭐라고 적혀 있나요?"

"'의자 물어보지 말고 쓰세요'라고 적혀 있어요."

대답하는 아이들 표정에 놀라움이 없었다.

"여러분, 이 메시지 알고 있었어요?"

"네."

아뿔싸! 담임만 모르고 있었구나. 포용 씨의 마음을.

"선생님은 여름 방학식에 포용 씨의 의자 쪽지를 발견하고 정말 감동이었답니다. 포용 씨, 쪽지 언제 붙여놓은 거예요?"

"한참 되었어요."

"왜 붙여놓은 거예요?"

"그냥 친구들이 제 의자 편하게 썼으면 해서요."

포용 씨는 담담하게 말했다. 아무 일도 아니라는 듯이. 그의 말에는 항상 '그냥'이 붙었다. 그냥 청소하고, 그냥 도와주고, 그냥 봉사했다. 포용 씨의 배려는 이유 없는 자연스러운 일상이었다.

"그래서 친구들은 포용 씨의 쪽지를 보고, 의자를 마음 편하게 사용했나요?"

"네. 점심시간에 포용 씨 옆 친구와 이야기하러 가서 편하게 앉았어요."

몇몇 친구들이 포용 씨 의자 사용 후기를 전했다. 포용 씨는 자신의 마음을 당연하게 뚝 표현했고, 친구들은 그 마음을 물 흐르듯이 톡 받았다. 좋은 마음은 자연스럽게 흐른다. 포용 씨의 맑은 선의를 받은 친구들도 깨끗한 마음 줄기를 많이 만들어 다른 사람에게 흘려보낼 것을 믿는다.

가끔은 말보다 글이 더 유용한 표현 도구가 되기도 한다. 긴 글보다 짧은 쪽지가 더 효과적일 때가 있다. 직접 말하기 부담스러울 때, 길게 글쓰기가 어려울 때 쪽지는 고마운 일을 해줄 것이다.

나는 우리 집 사춘기 아이들에게 칭찬 손 편지를 쓴다.

꼬박꼬박 쓰기 위해 노력하고 칭찬만 쓰기 위해 애쓴다. 학교에서는 칭찬쟁이 담임이지만, 집에서는 잔소리쟁이 호랑이 엄마인 교사 맘의 이중생활을 해결하기 위해 내가 선택한 방법은 칭찬 손 편지였다. 말로 하면 잔소리로 둔갑할 엄마의 생각과 마음을 편지를 매개로 아이들에게 부드럽게 전달할 수 있었다.

꾸준한 실천은 행운을 가져다주었다. 자녀에게 손 편지 쓰는 엄마의 노력을 담은 책을 출간하게 되었고, 교사를 대상으로 강의할 기회도 생겼다. 주로 나와 상황이 같은 교사 맘들이 강의를 신청하여 경청해주셨다. 정성껏 강의 후기를 남겨주신 분들 가운데, 내 강의를 통해 딸과 화해했다는 교사 맘의 이야기를 들을 때는 마음이 뭉클해졌다.

"아침에 딸을 차에 태우고 운전하다가 화를 냈어요. 평소 같으면 그냥 넘어갔을 텐데, 유독 딸의 말에 예민하게 반응했죠. 온종일 마음이 너무 안 좋고, 어떻게 사과해야 하나 고민이었어요. 마침 선생님 강의가 있던 날 아침이었지요. 강의에서 선생님이 자녀들에게 손 편지를 쓴다는 말을 듣자마자 '그래, 이거다' 싶었어요. 강의 내용 적으려고 준비한 메모지와 펜으로 바로 딸에게 사과 편지 썼어요."

선생님은 딸이 집에 돌아오자마자 메모지를 볼 수 있도

록 딸 방 전등 스위치에 붙이셨다고 했다. 덕분에 딸과 아주 자연스럽게 화해할 수 있었다며 연신 고마워하셨다.

"딸과 다툰 바로 그날, 어떻게 선생님 강의를 들을 수 있죠? 어떻게 그 자리에서 딸에게 쪽지를 써서 바로 화해할 수 있었을까요? 이건 운명이에요. 정말 감사해요, 선생님."

나의 경험과 이야기가 누군가의 삶에 도움이 되었다니 정말 감동이었다.

선생님은 마음먹은 즉시 고민 없이 그냥 쓰셨다. 선생님과 딸 사이를 부드럽게 만든 건 대단한 말이 아니었다. 거창하게 긴 글이 아니었다. 엄마의 진심을 담은 쪽지였다.

자녀에게 하고 싶은 말, 전하고 싶은 마음이 있다면 쪽지를 활용하는 건 어떨까? 쪽지는 짧지만 진심을 꾹 눌러 담아 마음을 표현할 수 있다는 장점이 있다. 예쁜 메모지가 없다고? 집 어딘가에 몇 년째 묵혀 있는 메모지면 충분하다. 그냥 써라. 우리 포용 씨처럼, 딸과 화해한 교사 맘처럼. 물 흐르듯 자연스럽게 마음이 전달될 것이다.

역시 우리 자상 왕 씨,
역시 우리 정리 여왕 씨

 수업 시간에 학생용 태블릿을 이용해 사회 조사 학습을 실시했다. 예전에는 가정에서 과제로 해야 했던 조사 활동이 이제 학급에서 필요할 때 언제나 가능해졌다. 고학년을 대상으로 학생 수만큼 보급된 태블릿이 각 교실에 있기 때문이었다. 문제는 보관이었다. 단체로 보급된 태블릿이 고사양이 아닌 데다가 여러 명이 함께 사용하다 보니 고장이 잦았다. 그래서 태블릿 사용 후 보관 시 매번 주의 사항을 당부했다.
 반복되는 담임의 잔소리에 대부분 태블릿 보관법을 잘 알고 실천했으나, 상황에 따라 일부는 주의를 기울이지 않았

다. 태블릿을 사용 후 태블릿 함을 들여다보면 몇 대의 태블릿은 약속을 지키지 않은 상태로 꽂혀 있었다.

"태블릿 정리 1인 1역 누구인가요? 쉬는 시간에 태블릿 정리하세요."

보통 태블릿 정리 담당자가 역할을 해야 태블릿 정리가 끝났다.

사회 조사 활동을 마친 쉬는 시간, 정리 여왕 씨가 태블릿 함 앞에 서 있었다. 마침 정리 여왕 씨가 태블릿 담당이었다. 설사 담당이 아니었더라도 그녀는 같은 시각 태블릿 함 앞에 있었을 것이다. 정리 여왕 씨는 1인 1역과 상관없이 교실 구석구석을 정리했다. 제자리에 있지 않거나 삐뚤어진 물건을 가만두지 않았다. 정돈되지 않은 상태가 불편하다고 했다. 정리 본능이 발동한 정리 여왕 씨의 손길이 닿은 물건은 자로 잰 듯 반듯하고 깔끔했다.

정리 여왕 씨는 쉬는 시간 내내 태블릿을 정리했다. 그런데 이상하게도 정리하는 동안 태블릿 함 여닫이문이 계속 열려 있었다. 태블릿 함은 분실주의 품목이라 문을 열면 자동으로 닫히는 구조였다. 태블릿을 꺼낼 때마다 '띠띠띠~삐~' 비밀번호 누르는 소리가 났는데, 정리 여왕 씨가 정리할 때는 그 소리가 한 번도 들리지 않았다. 발로 문을 받치고 있는 것일까? 서 있는 정리 여왕 씨의 다리 쪽으로 시선을 옮겼다.

오! 맙소사! 자상 왕 씨가 정리 여왕 씨 아래 있었다. 쪼그리고 앉아 태블릿 함 문을 말없이 잡고 있었다. 자상 왕 씨는 친구의 어려움을 인지하고, 자신의 주특기인 자상함을 내뿜었다. 정리 여왕 씨가 태블릿을 정리할 때 태블릿 함 문이 닫혀 불편할까 봐, 묵묵히 자신이 할 수 있는 도움을 실천한 것이다. 자상 왕 씨도 쉬는 시간을 반납했다.

자상 왕 씨는 평소에도 친절을 잘 베풀었다. 누가 시키지 않아도 수업에 사용한 학습 준비물 정리를 도맡아 했다. 자신만의 쓰레기통을 만들어 청소 시간에 쓰레기통을 들고 다녔다. 친구들의 쓰레기를 자상 왕 쓰레기통에 다 모았다. 원래 친절함을 장착한 친구라 할지라도 쉬는 시간까지 반납하며 가만히 앉아 문을 잡아주는 일이 어디 쉬운 일이겠는가? 자상 왕 씨의 선행에 감탄하지 않을 수 없었다.

"그대로~ 멈. 춰. 라!"

나의 주문에 신나게 놀던 아이들이 우스운 동작과 표정을 지으며 일동 얼음이 되었다.

"태블릿 함을 한번 보세요. 정리 여왕 씨가 쉬는 시간에도 계속 태블릿을 정리하고 있어요."

"역시 우리 정리 여왕 씨!"

친구들은 정리 여왕 씨에게 엄지 척을 날리고 물개 박수 선물을 주었다.

"그리고 그 아래를 보세요. 자상 왕 씨가 앉아서 태블릿 함 문을 잡고 있어요. 문이 닫혀서 정리 여왕 씨 힘들까 봐 도와주는 거예요."

"와! 역시 우리 자상 왕 씨!"

친구들은 이번엔 자상 왕 씨에게 엄지 척을 날리고 손뼉 치며 환호했다.

태블릿을 잡고 얼음 상태인 정리 여왕 씨와 태블릿 함 문을 잡은 채로 얼음인 자상 왕 씨 얼굴에 환한 미소가 번졌다. 담임의 칭찬과 친구들의 인정 속에 그들은 행복해 보였다.

완전히 얼음 상태를 풀지 않은 어정쩡한 자세로 손뼉 치는 학급 아이들이 사랑스러웠다. 나는 전체를 향해 두 엄지를 높이 들어 보이며 말했다.

"역시 우리 반!"

"얼음 땡!"

모두 마음껏 움직이며 박장대소했다.

아이들의 예쁜 마음은 함께할수록 커진다. 점점 범위가 넓어지고 실행력이 높아지며 섬세해진다. 아이들의 서로를 향한 칭찬은 나눌수록 강력해진다. 따뜻한 마음을 실천하는 아이들과 그 모습을 칭찬으로 인정하는 친구들은 놀라운 속도로 발전한다.

나는 아이들을 '성장 발전소'라고 생각한다. 방법만 알면 자가 발전기를 돌려 스스로 에너지를 만들어낸다. 그리고 그 에너지로 더 힘차게 발전기를 작동시켜 더 큰 에너지를 생성한다. 점점 불어나 힘이 세진 에너지는 성장에 가속도를 붙인다. 자가 발전기는 모두 태어날 때부터 가지고 있다. 한번도 작동한 적 없는 발전기의 전원을 켜서 돌리는 방법만 터득하면 된다. 바로 이때 어른의 역할이 필요하다. 아이들이 자기 속에 있는 자가 발전기의 전원에 불을 밝히도록 어른들이 방법을 알려주어야 한다.

아기가 제일 처음 할 수 있는 말은 '엄마, 아빠'이다. 태어난 순간부터 아니, 엄마 뱃속에 있을 때부터 제일 많이 들은 소리였기 때문이다. 부모가 엄마, 아빠라는 단어를 수없이 반복함으로써 아기에게 언어 발전기를 가동하는 방법을 알려준 것이다. 그다음부터는 스스로 말을 배운다. 도대체 내 아이가 어디서 저런 말을 배워왔는지 깜짝깜짝 놀라는 순간도 있었으리라.

나는 우리 반 학생들의 긍정 언어 발전기를 작동시키기

위해 높임말 프로젝트를 실시하며, 이들을 아름다운 언어 환경에 살게 했다. 칭찬 발전기를 작동시키기 위해 1일 1 칭찬 제도를 운영했고, 행복 일지를 작성하게 했다. 발전기를 돌리는 방법을 터득한 아이들은 스스로 에너지를 만들고 성장했다. 열심히 높임말로 대화하며 예쁜 언어를 구사하고, 깜짝 놀랄 선행을 실천했다. 칭찬받으며 자존감을 높이고, 칭찬하며 친구를 인정하고 존중했다. 내가 방법만 알려주면 그 이후에는 아이들 스스로 했다. 우리 반 성장 발전소는 해마다 세상에서 제일 활발히 굴러갔다.

어른의 역할은 아이의 성장을 만들어서 끌고 가는 게 아니다. 성장 발전소의 자가 발전기를 맨 처음 작동시키는 방법을 알려주고, 마음껏 에너지를 만들 수 있는 안전한 환경만 제공하면 된다. 아이들의 성장 발전소는 초기 비용도 투자 비용도 들지 않는다. 새로운 기술을 개발하거나 업그레이드하기 위해 어른들이 애쓰지 않아도 된다. 모든 걸 아이들이 다 알아서 한다. 아이들은 성장 발전소라는 어른들의 믿음이면 충분하다.

인터뷰에
응해주셔서 감사합니다

 국어 시간 '공감과 경청'을 공부하며, 우리 반 친구 인터뷰하기 활동을 진행했다.
 "인터뷰에서 가장 중요한 것은 무엇일까요?"
 "경청이요."
 "맞아요. 인터뷰 상대의 말을 잘 듣는 것이 가장 중요해요. 답변을 알아내려고 형식적으로 묻고 답하기만 하지 말고, 충분히 대화하며 친구를 더 깊게 이해합니다. 친구와 대화할 때 중요한 것은 무엇일까요?"
 "공감이요."

이미 경청과 공감의 개념을 배워서인지 정답이 척척 나왔다.

"잘 알고 있네요. 인터뷰이긴 하지만 상대의 이야기를 경청한 뒤에는 반드시 공감을 표현해야 합니다."

아이들은 빨리 친구에게 달려가 인터뷰하고 싶어 엉덩이가 들썩거렸다. 그러나 나는 몇 가지 당부를 덧붙였다.

"예의에 어긋나거나 상처 주는 질문과 답변을 하면 안 됩니다. 친한 친구를 인터뷰하는 것도 좋지만, 평소에 교류가 없던 친구에게 이번 기회에 내가 먼저 다가갑니다. 학습지는 가지고 다니지 않을게요. 인터뷰를 마치고 자리에 돌아와 인터뷰 내용을 정리합니다. 그러기 위해서 중요한 것은 무엇이다?"

"경청이요."

"좋아요. 준비됐지요? 이제 인터뷰를 위해 출발!"

매일 만나는 친구 인터뷰가 이리도 재미있을까? 서로에 대해 훤히 알 법도 한데, 인터뷰로 알게 되는 새로운 정보는 무엇이기에 저리도 신났을까? 필통과 물통을 마이크 삼아 손에 쥔 귀여운 모습, 저런 아이디어는 어디서 나오는 것일까? 아이들 한 명 한 명 너무 즐겁고 행복해 보였다.

"○○ 씨, 지난 주말에 뭘 하셨나요? 느낌은 어땠나요?"

"△△ 씨, 요즘 혼자 있을 때 주로 무엇을 하시나요? 혼자 보내는 시간에 대해 어떻게 생각하시나요?"

"□□ 씨, 지금은 잘하지 못하지만, 진짜 잘하고 싶은 것이 있나요? 혹시 한번도 안 해본 것 중에 새로 배워보고 싶은 것이 있나요?"

아이들이 만든 인터뷰 질문이 그럴싸했다. 질문이 근사하니, 대답도 진지하게 나왔다. 경청과 공감은 또 어찌나 잘하는지. 인터뷰 활동이 장난식으로 가볍게 흘러가면 어쩌나 살짝 걱정했는데, 웬걸 전문 인터뷰어interviewer, 인터뷰이interviewee 같았다. 고슴도치 담임 눈에는.

인터뷰를 주고받는 사랑스러운 모습을 그냥 흘려보낼 수 없었다. 아이들이 서로 마주 보며 대화하는 모습을 사진에 담았다. 가까이 가니 인터뷰 내용보다 더 예쁜 소리가 들렸다.

"◇◇ 씨, 제가 인터뷰해도 될까요?"

"♡♡ 씨, 인터뷰에 응해주셔서 감사합니다."

"☆☆ 씨, 즐거운 대화였습니다."

인터뷰를 하라고만 했을 뿐 시작과 끝인사는 알려주지 않았는데도, 아이들은 정중하게 친구에게 허락받고 인터뷰를 시작했다. 인터뷰가 끝나면 꼭 감사 인사를 전했다. 평소 높임말로 배려와 감사를 표현하던 습관이 새로운 상황에서도 자연스럽게 존중의 언어를 구현하게 했다. 이런 기특한 사랑둥이들. 나는 하트 뽕뽕 렌즈를 장착하고 아이들 사이사이를 비집고 들어가 더 열심히 사진을 찍었다.

『태도의 말들』(엄지혜, 유유, 2019) 머리말에서 저자는 한 소설가와의 즐거운 인터뷰 장면을 회상한 뒤, 인간관계에 대해 이렇게 설명한다.

> "나는 인간관계에 있어 '존중'을 가장 중요한 덕목으로 꼽는다. 사소한 일상에서든 일에서든 존중이 사라지면 마음이 괴롭다. 사람의 마음은 대단한 일이 벌어져야만 행복해지는 것이 아니다. 내가 누군가에게 존중받는다는 느낌이 들면, 아무리 피로한 일도 해낼 수 있다. 그래서 태도가 중요하다.
> '중요한 것은 진심보다 태도.' 2015년 봄, 『한창훈의 나는 왜 쓰는가』 표지 앞날개에서 발견한 문장이다.
> 우리는 서로의 진심을 모른다. 태도로 읽을 뿐이다. 존중받고 싶어서 나는 태도를 바꾸고, 존중하고 싶어서 그들의 태도를 읽는다. 문제는 존중이니까."

중요한 것은 진심보다 태도. 우리 반 아이들은 인터뷰의 태도를 알고 실천했다. 인터뷰 시작과 끝 서로에게 정중한 태도를 보임으로써 아이들은 상대를 존중하고, 상대로부터 존중받았다. 이것이 한 시간 내내 즐거운 대화를 이어갈 수 있는 원동력이었다.

활동 후 아이들은 이런 인터뷰를 했다는 사실조차 잊어버릴지 모르지만, 존중받고 존중했던 느낌만큼은 아이들의 몸과 마음에 깊이 새겨졌을 것이다. 존중의 느낌은 다시 그들의 삶의 태도로 이어져 앞으로의 인생 구석구석에서 빛을 발할 것이다. 아이들은 학습 목표인 경청과 공감은 물론 아이들의 평생 재산일 될 존중하는 태도까지 얻었다.

귤을 먹으려고 집었는데 껍질에 핀 곰팡이를 발견했던 경험은 누구나 한 번쯤 있을 것이다. 보통은 껍질을 벗겨 알맹이의 상태를 확인하기보다 껍질에 핀 곰팡이를 보고 못 먹을 귤로 간주한다.

타인과 말을 주고받는 것도 귤을 까먹는 것과 크게 다르지 않다. 말에는 내용과 형식이 있다. 핵심 알맹이인 내용도 매우 중요하지만, 알맹이를 감싼 껍질인 말의 형식이 부적절하면 내용의 의미가 왜곡되거나 완전히 달라질 수 있다. 말의 형식이란 만나고 헤어질 때 인사말, 고마움의 표현, 공감의 반응, 말투 같은 언어적 표현부터 경청을 나타내는 표정, 시선, 손짓처럼 비언어적 표현까지 다 포함한다. 말의 형식은 태도를 나타내고, 이에 따라 의사소통 과정에서 내가 존중받고 있는지 그렇지 않은지 판단하게 된다.

처음 본 사이에 인사도 없이 바로 본론을 들어가는 사람을 만났을 때, 눈은 다른 곳을 보는 상대와 이야기할 때, 자기 할 말만 하고 허겁지겁 전화를 끊어버리는 통화를 경험했을 때, 주고받은 말의 내용은 중요하지 않다. 상대가 나를 대하는 태도에 마음이 상해서 내용은 기억조차 나지 않는다. 나에게 남는 건 무례한 사람과의 불통 경험뿐이다. 다음에는 그 사람과의 소통이 꺼려진다.

그래서 아이들에게 인사 규칙을 정해서 매일 실천하게 하고, 말하는 태도까지 상세하게 알려준다. 많은 사람 앞에서 발표할 때는 바르게 서서 배꼽 손을 하고, 90도 인사한 뒤 말하기, 모둠 토의나 짝 토의 시작 전에 먼저 서로 인사 나누기, 친구와 대화할 때는 눈을 바라보고 고개 끄덕이며 경청 나타내기, '그랬군요', '정말요?', '그래서 어떻게 되었어요?' 적절한 공감 반응하기, 상대가 이야기를 끝내면 고마움과 칭찬 표현하기. 아이들은 배우고 익힌 언어의 형식을 통해 존중의 태도를 실천한다. 중요한 건 진심보다 태도이다. 때론 입속 캔디보다 '내 귀에 캔디'가 더 달콤하게 느껴지는 법이다.

말의 알맹이를 탱글탱글 채우고 껍질까지 반질반질하게 손질하는 우리 아이들. 그러나 아직도 지도할 것이 많다.

"숙제 과제방에 올리면 되지요?"

밤늦은 시간에 숙제를 문의하는 아이의 문자가 왔다. 자기소개와 인사말이 쏙 빠져 있을 때 당황스럽다.

"누가 연락한 것인지 선생님이 알 수 없네요. 인사부터 해주겠어요?"

문의 내용에 답을 해주기 전에 형식을 먼저 갖추도록 알려준다.

"선생님 안녕하세요. 저 ○○입니다. 밤늦게 죄송합니다. 제가 학원 다녀오느라 방금 숙제했습니다. 과제방에 올리면 될까요?"

○○ 씨는 다시 정중한 수정 문자를 보낸다.

다른 학급 선생님이 우리 교실을 방문했을 때 멀뚱멀뚱 선생님을 바라보고 있는 아이들의 모습이 생경하다.

"인사해야지요."

내가 한마디 하면 그제야 큰 소리로 인사한다.

"선생님, 안녕하세요."

그리고 선생님이 나가실 땐 알아서 인사한다.

"선생님, 안녕히 가세요."

검사를 마친 공책과 채점이 다 된 시험지를 나누어주며 놀라운 손을 발견할 때도 있다. 대부분 학생이 두 손으로 정중하게 받고 '감사합니다' 인사를 한다. 그런데 △△ 씨는 한 손으로 재빨리 물건을 낚아채 갔다. 내 손이 다 부끄럽다.

"다시 와서 물건 받아 갈래요?"

△△ 씨는 아차 싶었는지, 물건을 나에게 돌려주었다가 두 손으로 다시 받으며 이야기한다.

"죄송합니다."

말하지 않아도 무엇을 잘못했는지 알고 있는 게다.

말의 내용과 형식을 모두 갖춘 학생을 기르기 위해 학교에서는 상황마다 열심히 지도한다. 그러나 여전히 아이들이 존중의 태도를 길러야 할 다양한 상황이 무궁무진 존재한다. 그래서 부모님들께 부탁한다.

"아이가 엘리베이터에서 이웃에게 인사를 하지 않는다면 인사 교육을 해주시겠어요?"

"매일 만나는 경비 아저씨께 고개만 까딱하는 아이 모습을 발견하면 주머니에서 손을 빼고 정중하게 인사하도록 해주시겠어요?"

"부모님이 집에 들어오고 나갈 때 게임에만 몰두한 내 아이에게 게임을 잠시 멈추고 '잘 다녀오세요', '안녕히 다녀오셨어요?' 말하게 해주시겠어요?"

"무거운 물건을 든 이웃이 엘리베이터를 타면 열림 버튼을 몇 초만 누르도록 해주시겠어요?"

"다른 사람에게 날카로운 물건을 건넬 때 뾰족한 부분이 자기 쪽을 향하게 하도록 해주시겠어요?"

"이야기할 때는 상대의 눈을 바라보는 것이라고 계속 알려주시겠어요?"

"그리고 이 모든 것을 부모님께서 먼저 실천하는 모습을 보여주시겠어요?"

제가 못 했습니다
아니, 안 했습니다

　원만한 사회생활을 위해 남 앞에서 드러내지 말아야 할 여덟 가지를 내세우는 사람을 '팔불출'이라 부른다. 그 여덟 가지는 자기 자랑, 배우자 자랑, 자식 자랑, 학벌 자랑, 가문 자랑, 재산 자랑, 형제 자랑, 친구 자랑이다.

　하지만 나는 다른 선생님들 앞에서 1년 동안은 내 자식인 학급 아이들 자랑을 마음껏 하지 못한다. 자칫 나의 학급 운영 방식을 뽐내는 '구불출'로 보일 수 있기 때문이다. 동시에 그것이 누군가에겐 "왜 학급을 그렇게밖에 관리하지 못했느냐"는 질책처럼 들릴 수도 있기 때문이다.

학교에서는 학급 아이들의 학습 결과물이나 가정 통신 회신문을 걷어서 학년별로 묶어 업무 담당자에게 제출해야 하는 게 일상이다. 제출 기한이 임박했는데도 감감무소식인 학급의 담임 교사는 보통 이렇게 말한다.

"아이들이 아직 제출을 다 못 해서요."

"아무리 말해도 아이들이 가지고 오질 않아요."

"우리 반에서 100퍼센트 회수는 불가능해요."

모든 걸 아이들 탓으로 돌리는 동료 선생님의 넋두리를 듣고 있노라면 구불출이 되고 싶은 욕구가 올라오지만, 근질근질한 입을 굳게 다문다.

우리 학급의 자랑거리는 참 많다. 구불출이 되어서라도 자랑하고 싶은 것 중 하나는 바로 '다음 날 즉시 제출 습관'이다. 가정으로 안내장을 배부하고 부모님 동의서나 회신문을 받아와야 하거나, 단원 평가를 본 뒤 오답 정리 공책을 제출하거나, 부모님 말씀을 써오는 과제처럼 가정에서 해와야 할 모든 것을 다음날 바로 제출한다. 언제나 완벽할 순 없으니 한두 명, 많아야 서너 명 정도 미제출자가 생기기도 한다. 그러나 미제출자도 그다음 날은 모두 제출한다. 100퍼센트 회수는 이틀이면 충분하다. 학생과 학부모에게 다음 날 즉시 제출해야 한다는 인식과 습관이 잘 자리잡았기 때문이다.

우리 반 아이들이 원래부터 바로 제출을 잘했던 건 결단코 아니다. 다음 날 즉시 제출 습관을 갖게 되기까지 지도와 훈련이 필요했다. 아이들이 가지고 올 것을 안 가지고 왔을 때 하는 말은 십중팔구 이렇다.

"선생님, 실내화 주머니를 못 가지고 왔어요."

"어제 오답 공책을 못 가지고 가서 숙제를 못 해왔어요."

"제 책을 누가 가지고 갔나 봐요. 없어졌어요."

미소지, 미제출 사유를 말하는 보통의 발언이다. 어느 순간 아이들이 하는 말이 내 귓속으로 바로 들어가지 않고 귓바퀴에 걸린 채 거슬리기 시작했다. '못 가지고 왔다', '못 해왔다', '누가 가지고 갔다', '없어졌다' 모두 누군가를 탓하는 말이었다. 실내화를 안 챙긴 것도, 숙제를 안 한 것도, 책을 잃어버린 것도 모두 자기 자신이었다. 행위의 주체는 분명 본인이었지만, 아이들의 말에는 자신의 책임이 전혀 담겨 있지 않았다. 책임을 회피하고 있었다. '안 가지고 왔다', '안 해왔다', '잃어버렸다'라고 해야 했다. 아이들의 생각과 말을 바로잡아야 할 필요성을 느꼈다.

3월 첫날 우리 학급에서 사용하지 말아야 할 말로 '못 했어요', '못 가지고 왔어요', '없어졌어요'를 안내했다. 대신 '안 했어요', '안 가지고 왔어요', '잃어버렸어요'로 말하기로 약속했다. 자기 잘못을 누군가의 탓으로 돌리지 말고, 스스로의 부주의를 인정하며 책임을 져야 한다고 지도했다.

머리로는 이해했지만 바로 실행이 어려운 아이들은 습관처럼 사용하던 말을 계속 썼다.

"선생님, A4 파일 못 가지고 왔어요."

"개인정보 동의서 엄마가 못 써주셨어요."

"제 네임펜을 누가 가지고 갔어요."

못 가지고 왔다는 아이에게 물었다.

"누가 못 가지고 가게 했어요?"

평소 하던 대로 말했으니 내 의도를 알아채지 못한 아이가 고개를 갸우뚱했다.

"○○ 씨가 A4 파일을 들고나오는데 누가 가지고 가면 큰일 난다고 뜯어말렸어요?"

이제야 아차 싶었는지 말을 바꾸었다.

"제가 A4 파일 안 가지고 왔습니다."

엄마가 개인정보 동의서를 못 써주셨다는 학생에게 질문했다.

"△△ 씨가 개인정보 동의서를 엄마한테 드렸는데 엄마가 일부러 안 써주셨어요?"

"아니요. 제가 못 드렸어요."

"△△ 씨가 개인정보 동의서를 꺼내려고 했는데 가방이 절대 안 된다고 반대했어요?"

이해한 아이가 고쳐 말했다.

"제가 개인정보 동의서를 엄마한테 안 드렸어요."

네임펜을 누가 가지고 갔다는 아이에게 되물었다.

"네임펜을 누가 가지고 간 게 확실해요? 직접 봤어요?"

"네임펜이 사라졌어요."

"아, 네임펜이 발이 달려서 혼자 도망갔어요?"

"제가 네임펜을 잃어버렸습니다."

며칠이 지나자 아이들은 남 탓하는 말을 스스로 바꿨다.

"선생님, 실내화를 못 가지고 왔어요. 아니, 안 가지고 왔어요."

"숙제는 했는데 오답 공책을 못 가지고…… 아니, 제가 안 챙겼습니다."

이제 자기 실수를 인정하게 됐으니, 다음에 아이들이 해야 할 일은 스스로 문제를 해결하고 책임지는 것이다. 본인 잘못이라고 말하는 아이들에게 나는 또 물었다.

"선생님, 집에서 분명 숙제했는데 안 가지고 왔어요."

"그래서요?"

"진짜 숙제하긴 했거든요."

"그러면 어떻게 하면 좋을까요?"

"제가 수업 끝나고 집에 빨리 가서 숙제 가지고 와서 검사 맡으면 안 될까요?"

"그럴 수 있겠어요?"

"네, 할 수 있어요."

최선의 해결책을 알려주거나 내 머릿속에 떠오른 방법을 지시하지 않았다. 질문만 했다. 그랬더니 아이들이 각자 책임질 방법을 생각해냈다. 자신이 선택한 해결책이니 알아서 실천했다.

얼마 지나지 않아 나의 추가 질문이 필요 없게 되었다. 자기 잘못 인정하기와 해결책을 제시하고 실천하기가 세트로 한꺼번에 가능해졌다.

"깜빡하고 시험지에 부모님 말씀을 안 받아왔습니다. 내일까지 꼭 해오겠습니다."

"배움 공책을 다 썼는데 새로운 공책을 준비 안 했습니다. 다른 종이에 써서 붙이겠습니다."

자기 행동에 책임지는 사람이 된 것이다. 아이들의 책임감이 발전할수록 제출물을 깜빡하는 일이 줄었다. 처음부터 정신 차리고 할 일을 하고, 챙길 걸 챙겨야 몸도 마음도 편하다는 불변의 진리를 깨달은 듯했다. 바로 제출을 실천하다 보니 습관이 되었다.

　우리 반은 한 사람 한 사람 활동을 열심히 해서 전체가 다 잘했을 때 '할 일 척척, 하나 된 우리 반' 칭찬 자석이 한 칸씩 이동한다. 자석의 위치에 따라 주기적으로 교실 놀이, 보드게임, 음악 감상, 과자 파티, 영화 관람 등 단체 보상이 주어진다. 개인의 노력이 모여 공동체의 목표 달성으로 이어지는 기쁨을 누린다. 다음 날 바로 과제를 제출하여 100퍼센트 회수율을 달성했을 때 칭찬 자석은 춤을 추며 이동한다. 단 한 명이라도 깜빡하면 자석 이동이 불가능하니, 그 단 한 사람이 내가 되지 않기 위해 부단히 알림장과 과제와 안내장과 자기 정신을 챙긴다. 개개인이 제 할 일을 했을 뿐인데, 단체로 칭찬도 듣고 즐거운 보상까지 따라온다. 덕분에 우리 반의 책임감은 날로 높아졌다. 그야말로 할 일 척척, 하나 된 우리 반이 되었다.

　'못'과 '안', 한 글자 차이가 뭐 그리 대수냐고 반문할 수 있다. 하지만 우리 반 아이들의 모습을 보면 '못 한 것'과 '안 한 것'은 엄연히 다르다. '못 한 것'은 문제의 원인을 타인에게 돌리는 무책임하고 부주의한 태도를 키웠다. 반면 '안 한 것'은 원인을 자신에게서 찾고 해결하려는 책임감을 기르게 했다. '못'과 '안'은 단순한 말의 차이를 넘어 생각과 태도의 차이로 이어진다.

누구나 할 일을 놓칠 수 있고, 준비물을 깜빡할 수 있다. 그러나 아이들에게 같은 일이 반복되면 나태하고 무책임한 생활 습관을 갖게 된다. 그래서 교육이 필요하며, 어른이 알려주어야 한다. 할 일을 제때 했을 때 좋은 점을, 제출 기한을 지켜야 하는 필요성을, 자기 잘못을 인정하고 책임지는 방법을. 학급 아이들이 제출을 다 못 해서 자기 학급 결과물을 내지 못한다는 선생님에게 묻고 싶었다. 정말 모든 게 아이들만의 탓일까요? 당신은 못 하셨나요? 안 하셨나요?

높임말로 자라나는 함께하는 힘

저희가
당연히 할 일이에요

 낌새가 이상했다. 자꾸 속닥거리는 게 영 수상했다. 몇몇 남자아이들의 움직임이 미심쩍었다. 캐묻고 싶었다. 그러나 심증은 있되 물증이 없었다. 좀 더 살펴보기로 했다. 그들을 예의 주시했다.
 "찰떡궁합 씨, 오늘은 제가 가는 날 맞죠? 동참 씨가 올 때, 찰떡궁합 씨가 목요일 갈 때. 맞죠?"
 아이디어 씨가 찰떡궁합 씨에게 작은 소리로 물었다. 가까이 있는 자기들만 알아들을 정도의 소리였다. 순간 나는 '소머즈'로 변신했다. 그들의 소리가 아주 또렷하게 들렸다. 아이디어 씨, 찰떡궁합 씨, 동참 씨 모두 수상한 그룹으로, 담임의 레이더망에 있었기 때문이다.

각각 맡은 요일이 있다고? 어디를 간다는 거야? 밖에서 뭘 하고 다니는 거지? 돌아가면서 한다고? 한두 명이 아니고 만. 좋아. 너희 딱 걸렸어.

드디어 꼬투리를 잡았다 싶었다. 순간 경찰로 빙의한 나는 형사의 눈매를 하고 아이디어 씨와 찰떡궁합 씨를 불렀다.

"아이디어 씨, 찰떡궁합 씨, 지금 두 사람이 무슨 이야기를 하는 거예요? 어디를 간다는 건가요? 요일은 왜 정했지요?"

아이디어 씨와 찰떡궁합 씨가 싱글싱글 웃으며 나에게 다가왔다. 이상하다. 담임의 날카로운 형사 눈빛과 말투에 눈치를 챘을 법한데, 왜 저렇게 해맑게 웃는 것일까?

"선생님, 사실은 저희가……."

사건의 전말은 이러했다. 우리 반 조심 씨가 다리를 다쳐 깁스를 한 지 벌써 한 달이 넘었다. 조심 씨는 원래 다리가 약해 늘 조심해야 했다. 그런데 깁스까지 했으니 주의해야 할 것들이 더 많아졌다. 긴 깁스 생활에도 조심 씨는 씩씩하게 지냈다. 친구들이 이것저것 많이 도와준 덕분이었다. 조심 씨 물건이 떨어지면 냉큼 주워주고, 학습지를 대신 제출해주었다. 급식실에서 조심 씨의 식판을 들어주고, 전담 교실 이동 시 조심 씨의 교과서를 대신 옮겨주었다. 누가 시키지도 않았는데 조심 씨가 느낄 어려움을 먼저 찾아 해결해주었다.

교실 안에서는 친구들의 도움으로 그럭저럭 생활할 수 있었다. 그런데 점심시간이 문제였다. 교실에서 급식실까지 거리가 멀었다. 교실을 나가 3층 엘리베이터까지 가는 길이 한참, 1층 엘리베이터에서 급식실 가는 길이 또 한참이었다. 조심 씨가 목발을 짚고 급식실까지 가는 동안 점심시간이 다 끝날 것 같았다.

점심시간에 친구들 한두 명이 조심 씨를 부축하기 시작했다. 조심 씨의 속도에 맞춰 걷느라 도우미 친구들까지 급식 받는 자기 순서를 놓치고 밥을 가장 늦게 받았다. 친구들 부축으로 조심 씨는 무사히 점심을 먹고 교실로 돌아올 수 있었다.

"선생님, 사실은 저희가…… 점심시간 조심 씨 도우미 계획표를 짰어요."

"아이디어 씨가 처음 생각해서 저랑 해보자고 했는데, 동참 씨랑 다른 남자 친구들도 함께한다고 해서 저희끼리 요일을 정했어요."

아이디어 씨와 찰떡궁합 씨가 번갈아 설명했다.

아이들은 계획표대로 점심시간 조심 씨 부축 도우미를

맡았다. 급식실 가는 도우미는 자기 순서를 놓치고 밥을 가장 늦게 받았지만 빨리 먹고 교실로 돌아올 수 있었다. 교실로 오는 도우미는 조심 씨가 밥을 다 먹을 때까지 기다렸다가 부축해서 함께 돌아왔다. 역할을 공평하게 분담하니 다리 다친 친구를 도와줄 수도 있고 점심시간을 확보할 수도 있었다.

나에게 딱 걸린 아이디어 씨와 찰떡궁합 씨의 대화는 결국 조심 씨의 급식실 도우미 일정 확인이었다.

"왜 선생님에게 말하지 않았어요?"

"그냥 저희가 당연히 할 일이라서요."

오! 이들이 진정 나의 아이들이란 말인가? 날개 없는 천사가 바로 내 앞에 있었다. 아이들이 자발적으로 요일과 역할을 정하고 계획표까지 작성했을 줄은 꿈에도 생각 못 했다. 왜 나는 아이들에게 순수하게 물어볼 생각을 하지 않고, 무턱대고 의심부터 했던 것일까?

학교 업무에서 하기 싫은 것 중 하나가 학교 밖 사건 사고 처리이다. 학급 안에서 일어나는 모든 일은 어떻게든 담임이 중재하고 해결할 수 있다. 그러나 학교 밖에서 일어나는 문제는 아이 하나 지도해서 끝나지 않는다. 정확한 정황을 알아보고 관련된 다른 학급 친구들과 상담하고 부모님들께 연락을 취해야 한다. 때로는 피해를 본 외부 사람들과 처리해야 할 일도 생긴다.

학교 밖 문제를 처리하기 싫은 담임의 마음이 아이들을 의심하게 했다. 학교 폭력 예방 및 생활 지도라는 명분을 붙이더라도 아이들에게 미안했다. 다리가 불편한 친구를 위한 봉사와 학교 밖 사건 사고 사이의 간극이 너무 컸다.

미안한 마음에 봉사자들을 아주 크게 칭찬했다.

"우리 반 천사 친구들이 계획표를 짜서 조심 씨 급식실 이동을 도와주고 있었어요. 선생님도 전혀 모르고 있었는데, 친구를 도와주려는 따뜻한 마음과 자발적인 실천 정말 멋져요. 천사들 일어나 볼까요?"

"우와!"

친구들의 놀람과 환호의 감탄사와 함께 박수가 터져 나왔다. 자리에서 일어난 천사들은 여유 있게 미소 짓고 있었다. 당연히 할 일을 했다는 듯이. 뭐 이 정도로 이렇게 칭찬을 하냐는 듯이.

청출어람青出於藍. 아이들에게 매 순간 예쁜 말을 하고 타인을 생각하며 바른 행동을 실천하라고 강조했다. 어느 순간 아이들은 지도한 교사를 능가했다. 생각지도 못한 긍정의 언어를 구사하고, 다 같이 행복한 방법을 연구했으며, 깜짝 놀랄 선행을 실천했다. 아이들에게 학급을 위한 봉사와 친구 도와주기는 특별한 일이 아니었다. 당연히 자기가 할 일이었다. 나보다 다른 사람을 먼저 생각하는 선한 마음의 생활화. 봉사의 습관화. 구성원 모두가 더불어 행복한 우리 학급의 비결이었다.

"그냥 저희가 당연히 할 일이에요."

아이들에겐 부모님도 선생님도 다 알 수 없는 마음의 깊이와 넓이가 있다. 잠재된 에너지를 따지면 생각보다 훨씬 깊고 넓은 마음을 가지고 있을지도 모른다.

그 마음을 이해하는 데 필요한 건 단 한마디일 수 있다. 아마도 동참 씨와 다른 천사들이 아이디어 씨와 찰떡궁합 씨에게 이 말을 사용하지 않았을까?

"왜 그래요?"

"무슨 일이에요?"

"우리한테도 말해주세요."

슬픔은 나누면
위로하는 힘이 된다

슬픔 씨가 5교시 한 시간 내내 울었다. 수학 단원 평가지를 받자마자 시험을 너무 못 봤다고 울기 시작하더니, 단원 평가 풀이를 하는 동안 계속 울었다.

"점수가 이게 뭔가? 시험을 이렇게 못 봐서 어쩌나? 훌쩍훌쩍!"

"슬픔 씨, 시험 못 봐서 슬프군요. 누구나 시험 못 보면 슬프지요. 괜찮아요. 다음에 잘하면 돼요."

시험을 못 보고 기분 좋을 사람이 어디 있으랴. 나는 공감하며 울고 있는 슬픔 씨를 달랬다.

그는 계속해서 울었다. 구슬프게 울었다.

"이 많은 오답을 다 어떻게 정리하나? 흑흑흑!"

"슬픔 씨, 속상한 마음 알아요. 그런데 오답 공책이 걱정되면 그만 울고 지금 선생님이 풀이해주는 걸 잘 보고 틀린 문제를 다시 풀어야지요. 우는 건 아무것도 해결해주지 않아요."

속상하고 걱정되는 마음은 이해할 수 있었다. 그러나 슬픔 씨가 계속 울고 있으니 문제 풀이를 원활하게 이어갈 수 없었다. 그만 울었으면 했다.

슬픔 씨는 멈추기는커녕 이제 아예 대성통곡을 했다. 눈물 콧물 다 쏟아냈다.

"엄마한테 무지 혼날 텐데……. 엉엉엉!"

"슬픔 씨, 엄마는 수업 시간에 이렇게 우는 아들의 모습에 더 화가 나실 거예요. 이제 뚝 그만 울어요. 화장실 가서 세수하고 콧물 풀고 오세요."

슬픔 씨의 울음소리에 정신이 하나도 없었다. 다른 학생들에게는 수업 방해였다. 분위기를 환기하려고 슬픔 씨에게 화장실에 다녀올 것을 제안했다.

세수하고 돌아온 슬픔 씨는 조금 진정된 상태였다. 그런데 잠시 후 다시 그의 울음이 시작되었다. 숨이 넘어가게 울었다. 이번엔 자책까지 했다.

"재시험은 또 어찌 보나? 이 바보 멍청이. 꺼이꺼이!"

아! 이제 인내심의 한계가 왔다.

"슬픔 씨, 학교는 내가 하고 싶은 대로 할 수 있는 곳이 아니에요. 내 감정은 스스로 다스려야지, 누가 대신해줄 수 없어요. 슬픔 씨 울음소리를 한 시간 내내 듣는 친구들 생각은 안 하나요? 당장 울음 그쳐요."

한 시간이 어떻게 지났는지 모르겠다. 단원 평가 풀이를 제대로 한 것인지, 다른 학생들이 얼마나 풀이를 이해했는지 알 수 없었다. 아이들은 예상하지 못한 상황을 만들 때가 있다. 교직 경험에서 오는 판단에 따라 그때그때 대처하지만, 담임의 학급 운영 매뉴얼대로 즉시 해결되지 않을 때 오는 당혹감은 경력이 쌓여도 여전했다.

쉬는 시간에도 슬픔 씨의 울음은 멈추지 않았다. 우리 슬픔 씨의 슬픔을 어떻게 달랠 수 있을까? 20년 차 초등 담임 매뉴얼에 '시험 못 봤다고 한 시간 내내 우는 고학년 학생 쉬는 시간에 달래기' 항목은 아무리 찾아도 없었다.

다른 학생들은 이 혼돈의 시간을 어떻게 느꼈을까? 친구의 울음소리를 한 시간 내내 듣고 괜찮을 리가 없었다. 시험 결과가 만족스럽지 않은 아이들이 또 있었을 텐데. 빨리 정확한 문제 풀이를 듣고 오답 공책을 정리하고 싶었을 텐데. 그들도 답답하고 짜증이 났을 텐데. 묵묵히 친구의 울음소리를 견뎠다. 참 착한 아이들, 어른인 담임보다 훨씬 인내심이 강했다.

이해심 충만한 아이들은 쉬는 시간에 슬픔 씨에게 다가갔다. 휴지를 주며 위로의 말을 건넸다.

"슬픔 씨, 시험 못 봐서 속상하지요? 우리도 마찬가지예요."

"우리도 지금 오답 정리하고 재시험 보기 힘든데 참으면서 하는 거예요."

"슬픔 씨, 할 수 있어요. 울지 말아요."

"더 열심히 공부해서 다음에 시험 잘 보면 돼요."

같은 처지에 있는 친구들의 공감과 위로는 효과가 있었다. 슬픔 씨의 울음소리가 잦아들었다. 6교시에도 슬픔 씨는 슬퍼 보였지만, 울음소리는 들리지 않았다. 다행히 진정된 상태로 하교했다.

슬픔 씨는 그 후에도 툭 하면 울었다. 거의 매일 울었다. 이유도 다양했다. 그런데 1학기를 보내며 신기하게도 슬픔 씨가 우는 횟수가 서서히 줄었다. '거의 매일'에서 '자주'가 되고, '자주'에서 '종종'이 되었다. '종종'은 결국 '거의 울지 않음'으로 바뀌었다. 슬픔 씨는 자신의 슬픈 상황을 받아들이고, 우는 방법 대신 실질적인 해결 방법을 찾기 시작했다. 그리고 걱정 대신 할 일을 실천했다.

2학기가 되자 슬픔 씨는 더 이상 슬픔 씨가 아니었다. 내가 말하는 무엇이든 "네!" 씩씩하게 대답하고 바로바로 실행하는 실행 씨가 되었다. 할 일을 바로 완료하니 슬플 일이 없었다. 만족스럽지 않은 시험 결과가 나와도 울지 않았다.

"선생님, 저 오답 정리 벌써 다 했어요."

"실행 씨, 이거 계산이 틀렸어요. 다시 한번 풀어볼래요? 이건 단위를 안 썼어요."

"아하! 그렇군요. 제가 실수했네요. 다시 할게요. 재시험에서는 실수하지 않을 거예요."

슬픔 씨가 실행 씨가 되기까지 본인이 스스로 참 많이 노력했다. 거기에는 담임의 관심과 가정에서의 물심양면 학습지도 및 사회성 지도가 바탕이 되었다. 그러나 무엇보다 슬픔 씨를 실행 씨로 변화시킨 힘은 친구들이었다. 슬픔 씨가 울 때마다 친구들은 기다려주었다. 듣기 싫은 소리와 참기 힘든 순간을 잘 참아주었다. 그리고 어김없이 울고 있는 슬픔 씨에게 다가가 위로와 격려의 말을 건넸다. 슬픔 씨는 친구들의 인내와 사랑으로 감정을 통제하고 실행하는 힘을 얻어 실행 씨가 되었다.

어느 날 실행 씨가 제2의 슬픔 씨에게 다가갔다. 제2의 슬픔 씨는 여러 번 오답 공책 검사를 맡았으나, 번번이 틀린 계산을 다시 풀어오라는 지적을 받았다. 원래 당당함 씨였던 그는 정신 차리고 제대로 계산하라는 나의 말에 방금 제2의 슬픔 씨가 되었다.

실행 씨는 손목에 차고 있던 염주를 빼서 제2의 슬픔 씨 이마에 대며 말했다.

"제2의 슬픔 씨, 많이 슬프지요? 이것을 이마에 대고 있으면 슬픔이 사라질 거예요."

"그게 뭔데요?"

제2의 슬픔 씨가 물었다.

"이것은 경주 여행 갔을 때 엄마께서 선물해주신 염주인데, 슬픔을 통제하는 힘을 가지고 있어요. 이 염주를 하고 있으면 슬프지 않아요. 지금은 제2의 슬픔 씨가 슬프니까 이거 하고 있어요. 제가 빌려드릴게요."

이 얼마나 아름다운 순간인가. 실행 씨는 친구들의 응원과 위로로 슬픔을 극복했다. 그리고 친구들로부터 받은 사랑을 다른 친구의 슬픔을 달래며 되돌려주었다. 주변 사람을 전혀 신경 쓰지 않고 감정대로 행동하던 실행 씨가 이제 친구의 슬픔을 공감할 수 있게 된 것에 감사했다. 나는 슬픔을 통제하는 마법의 염주를 25개 만들고 싶었다. 우리 반 아이들의 손목에 한 개씩 채워서 더는 그 어떤 상황에서도 우리 반에 슬픔 씨가 나오지 않기를 바랐다.

    슬퍼본 사람이 슬픔을 이해할 수 있다. 위로받아 본 사람이 위로를 줄 수 있다. 슬픔은 나누면 반이 된다. 더 나아가 슬픔은 나누면 위로하는 힘이 되기도 한다. 이 중요한 가치를 실행 씨가 된 슬픔 씨 덕분에 알게 되었다. 슬픔 씨를 실행 씨로 변화시킨 우리 반 아이들을 통해 배웠다. 슬픈 감정을 스스로 통제하고자 노력한 아이와 친구의 슬픔을 이해하고 공감해준 아이들에게 진심으로 고마웠다.

    자주 우는 슬픔 씨를 끝까지 다정하게 달래주고 격려해주지 못한 어른의 짧은 인내심을 반성한다. 빨리 우리 반에서 울음소리를 멈추게 하고 슬픔을 몰아내고 싶은 담임의 성급함 때문이었다. 좋은 소리만 들리고 밝게 웃는 모습만 있는 교실을 유지하려는 나의 욕심 때문이었다.

    부모와 교사는, 어른들은 우리 아이들이 누구보다 행복하길 바란다. 아름다운 세상에서 좋은 일들만 경험하며 항상 웃는 사람이길 소망한다. 슬픔과 좌절은 겪게 하고 싶지 않다.

그래서 어려운 상황을 통제하고 아예 만나지 않게 하려고 한다. 귀한 것 비싼 것 맛있는 것을 아이에게 다 양보하면 내 아이는 행복할 거라고 믿는다. 그러나 알고 있다. 아파본 사람이 아픔을 극복하는 힘을 갖추고 고통 속에서 더 단단해진다는 사실을. 우리도 그런 과정을 거쳐 어른이 되었다. 누구나 겪어야 하는 일임을 알면서도, 내 아이만은 어려움과 아픔이 없는 청정 구역에서 살았으면 한다. 어른들의 욕심이다.

슬픔 씨는 큰일 난 것처럼 울었지만 큰일은 일어나지 않았다. 아니다. 큰일이 생기긴 했다. 슬픔 씨가 다른 사람을 위로하는 넓은 마음을 가진 사람으로 크게 성장했다. 아이들에게 슬픔이란 위로하는 힘을 기를 수 있는 귀한 경험이다.

세상에서
제일 큰 협동심

4학년 우리 반 아이들과 학교 스포츠 클럽 활동으로 긴 줄넘기를 했다. 태권도나 줄넘기 학원에 다니는 아이들을 제외하고 대부분 긴 줄넘기 경험이 전혀 없었다. 긴 줄에 들어가 뛰기도 처음, 긴 줄 돌리기도 처음이었다. 8미터, 10미터짜리 긴 줄을 보는 것만으로도 신기해하는 아이들이 있었다.

첫 주에는 림보 게임과 뱀 피하기 놀이로 긴 줄에 익숙해지는 시간을 가졌다. 둘째 주에는 줄의 리듬에 맞춰 가볍게 점프하며, 너무 높이 뛰지 않고 발끝으로 착지하는 기본기를 익혔다. 박자를 입으로 세며 리듬감을 기르는 것도 함께 연습했다. 셋째 주부터는 본격적인 긴 줄넘기를 시작해, 처음엔 두 명씩 들어가 뛰고 점차 인원을 늘려갔다. 줄이 돌아오는 타이밍에 맞춰 망설임 없이 들어가고, 정확한 순간에 빠져나오는 방법도 익혔다.

　3주간의 연습을 통해 처음보다 긴 줄넘기에 익숙해지고 두려움도 사라졌다. 기술을 익혔으니 이제 협동심을 기를 차례가 되었다. 모둠이 함께하는 긴 줄넘기 급수제에 도전하기로 했다. 1단계부터 5단계까지 도전 과제가 제시된 '긴 줄넘기 급수표'를 만들어 게시하고 각 단계를 설명했다. 꼭 도전에 성공하리라 눈빛이 이글이글한 사람은 긴 줄넘기 기본기가 잘 닦인 아이, 얼굴에 웃음기가 사라진 이는 똑같이 3주를 연습해도 긴 줄넘기에 자신이 없는 아이. 이러나저러나 협동 긴 줄넘기 한배를 탔다.

　1단계 '긴 줄 안에서 10번 넘기'는 모둠원이 모두 정지된 긴 줄에 들어가 동시에 점프하는 것이다. 2단계 '바깥에서 들어와 5번 넘고 나가기'는 1단계보다 점프 횟수는 적지만, 돌아가는 줄에 한 사람씩 들어가고 나가기를 해야 했다. 3단계는 '꼬마야, 꼬마야'였다. 아이들이 가장 재밌어하는 구간이었다. 4단계 '2명이 긴 줄넘기 하며 공 5번씩 주고받기'는 발로 줄을 넘으면서 손으로 공을 주고받는 고도의 기술이 필요했다. 더 중요한 건 나 혼자만 잘해서는 안 된다는 사실. 협동의 결정체라고 할 수 있었다. 마지막 5단계는 '긴 줄넘기 하며 공 5번 튀기기'였다. 줄을 넘는 속도와 공을 튀기는 속도를 일치시켜야 가능한 도전이었다.

1단계 도전은 비교적 무난하게 통과했다. 모두 10번 긴 줄넘기에 성공했다. 긴 줄넘기가 미숙한 아이들도 모둠 친구들에게 피해가 되지 않도록 열심히 연습했다. 그러나 2단계 '바깥에서 들어와 5번 넘고 나가기'부터는 개인차가 확실히 드러났다. 자유자재로 줄을 드나드는 아이가 있는 반면, 적절한 순간을 잡지 못하고 두려움에 발을 떼지 못하는 아이들도 있었다. 여기저기서 타이밍을 알려주는 소리가 들려왔다.

"○○ 씨, 지금이에요. 들어가요."

"□□ 씨, 점프한 뒤 바로 나오는 거예요. 지금 나와요."

방법은 하나뿐이었다. 반복. 어려운 친구를 위해 목이 터져라 응원하고, 나를 응원해주는 친구의 기운을 받아 수없이 줄을 넘고 돌렸다. 기어이 모두가 2단계 도전에 성공했다.

3단계는 아이들이 제일 재미있어 했지만, 모둠별로 차이가 났다. '꼬마야, 꼬마야' 경험자가 모인 모둠은 연습 몇 번 만에 수월하게 성공했으나, 서툰 아이가 있는 모둠은 고전을 면치 못했다. 모둠 내부에 갈등이 슬슬 시작되는 건 어쩔 수 없었다. 연습을 시키는 아이도 고생이었고, 연습을 하는 아이도 힘들었다.

특히 승부욕 씨와 안 해도 그만 씨의 갈등이 심했다. 체육 실력이 두루 뛰어난 승부욕 씨는 당연히 3단계를 통과하고 싶었다. 그냥 통과로 만족할 그가 아니었다. 제일 먼저 통과하는 영광을 누리고 싶었다. 그러나 같은 모둠이었던 안 해도 그만 씨 때문에 목표를 달성할 수 없었다.

"선생님, 안 해도 그만 씨가 열심히 안 해요. 이리 오라고 해도 자꾸 혼자 저쪽에 가 있어요. 줄넘기도 안 하면서 화를 내요. 저 꼬마야, 꼬마야 못하겠어요."

"선생님, 승부욕 씨가 자꾸 저한테 화내요. 하면 못 한다고 뭐라고 하고 안 하면 안 한다고 짜증내요. 저 꼬마야, 꼬마야 못하겠어요."

승부욕 씨와 안 해도 그만 씨는 성향과 체육 실력이 상당히 달랐지만, 두 사람 모두 다혈질이라는 점은 같았다. 천만다행으로 그 모둠의 다른 구성원들은 차분하고 부드러운 극세사와 같은 아이들이었다. 둘의 대치를 묵묵히 기다려주고 다독여주고 다시 해보자고 제안했다.

"승부욕 씨가 안 하면 우리 모둠 망해요. 승부욕 씨가 우리 중에 제일 잘하니까 방법을 가르쳐주세요."

"우리도 승부욕 씨처럼 하고 싶어요. 우리가 배워서 잘해 볼게요."

"안 해도 그만 씨, 우리도 자꾸 줄에 걸려요. 그래도 같이 해봐요."

"안 해도 그만 씨, 개인 줄넘기는 잘하던데요. 긴 줄넘기 안에서 개인 줄넘기를 해보면 어떨까요?"

극세사 친구들의 부드러움은 두 사람의 화를 사포질하고, 깨끗한 수건으로 닦고 니스 칠하는 듯했다. 마지못해 다시 연습을 시작한 그들은 서서히 발도 맞추고 마음도 맞추었다. 끝내 아주 매끄럽게 3단계를 통과했다. 어려움 뒤에 찾아온 기쁨은 더 크고 단단했다. 한 차례 고비를 넘긴 이 모둠은 4, 5단계에서는 큰 갈등 없이 즐겁게 연습했다.

4단계 '2명이 긴 줄넘기 하며 공 5번씩 주고받기'에서는 유경험자 씨와 무경험자 씨가 문제였다. 유경험자 씨는 몇 년째 태권도 학원에 다니며 줄넘기를 배워 실력이 출중했다. 줄넘기 대회도 몇 차례 경험했다. 무경험자 씨는 타고난 운동 신경이 없고 가족과 운동 경험도 많지 않았다. 긴 줄넘기는커녕 혼자 하는 줄넘기조차 힘들어했다. 하지만 모둠 친구들이 알려준 대로 성실하게 연습하여 겨우겨우 3단계까지는 통과했다. 무경험자 씨의 성공에는 유경험자 씨의 지도가 큰 역할을 했다.

난관은 4단계부터 시작되었다. 땀을 비 오듯 흘리며 연습해도 없는 협응력이 하루아침에 생길 리 만무했다. 게다가 자신 때문에 모둠의 4단계 통과가 어렵다는 사실이 무경험자 씨를 짓눌렀다. 무거운 부담감과 미안함은 그의 몸을 더 무겁게 했다.

3단계까지 뛰어난 지도력을 보이던 유경험자 씨도 한계에 이르렀다. 아무리 연습시켜도 안 되는 무경험자 씨를 보며 회의감이 밀려왔다. 빨리 무경험자 씨를 변화시켜 4단계를 넘어 5단계까지 통과하고픈 욕심이 그의 마음을 더 급하게 했다. 급한 마음은 짜증을 만들었다.

4단계 연습 시간이 길어지자 나는 모두에게 이야기했다.

"사람은 모두 달라요. 특히 체육 실력은 사람마다 차이가 크게 나요. 우리가 긴 줄넘기를 하는 이유는 무엇일까요? 줄넘기 실력과 체력을 기르기 위함이기도 하지만 더 중요한 것은 무엇일까요?"

"협동이요."

"여러분은 이미 알고 있어요. 지금까지 우리가 기른 협동심은 얼마일까요? 5단계까지 통과하면 우리는 얼마나 더 큰 협동심을 가지게 될까요? 선생님은 여러분을 믿어요. 서로 도와주며 5단계까지 통과해서 세상에서 제일 큰 협동심을 갖게 될 거예요."

세상에서 제일 큰 협동심에 울림이 있었던 것일까? 유경험자 씨가 눈을 반짝이며 무경험자 씨에게 말했다.

"무경험자 씨, 다시 해봅시다. 제가 줄넘기 기본부터 알려드릴게요."

무경험자 씨를 위한 유경험자 씨의 특훈이 시작되었다. 유경험자 씨는 개인 줄넘기 실력만 뛰어난 게 아니었다. 리더십과 지도력은 전문가 수준이었다. 무경험자 씨는 자기만을 향한 유경험자 씨의 노력이 고마웠다. 그동안 아무도 자신에게 몸 쓰는 법을 자세히 알려준 적이 없었기 때문이다. 무경험자 씨는 고마운 마음만큼 열심히 연습한 끝에 긴 줄넘기 4단계를 통과했다. 유경험자 씨에 대한 마음을 5단계 통과로 보답했다. 유경험자 씨 역시 무경험자 씨의 노력이 고마웠다. 그리고 자신의 특훈이 효과가 있었음에 성취감을 느꼈다. 유경험자 씨는 멘토로서의 성장을 추가했고, 무경험자 씨는 긴 줄넘기 성공 경험을 누렸다.

몇 주에 걸친 협동 긴 줄넘기가 끝났다. 모든 모둠이 5단계까지 통과했다. 긴 시간 같은 목표를 향해 노력한 우리 반 아이들. 서로 배우고 가르치며 갈등을 해결하고 어려움을 극복했다. 긴줄넘기 실력이 한 단계씩 올라갈수록 서로를 이해하고 배려하는 마음도 함께 자라났다. 우리 반은 세상에서 제일 큰 협동심을 갖게 되었다. 도전 성공의 기쁨은 모두의 것이었다.

 협동심은 서로의 생각과 힘을 하나로 합하려는 마음이다. 팀워크가 강조되는 사회에서 반드시 필요한 능력이다. 하지만 혼자서는 절대 경험할 수도 만들어낼 수도 없다. 나의 마음이 너의 마음인 듯 매끄러운 하트 모양의 협동심을 기를 수 있다면 더할 나위 없이 좋을 것이다. 그러나 30개의 마음이 존재하는 학급에서는 매끄러운 하트보다 울퉁불퉁한 하트 모양의 협동심이 형성되는 경우가 훨씬 많다.

 우리 반 승부욕 씨와 안 해도 그만 씨의 갈등이 없었다면, 유경험자 씨와 무경험자 씨의 운동 능력 차이가 없었다면, 우리 반의 협동심은 생길 수 있었을까? 울퉁불퉁한 하트에 문제 해결의 마음이 들어가고, 다시 도전의 마음이 채워지고, 격려의 마음이 달라붙어 하트는 점점 매끈해지고 크기가 커졌다. 세상에서 제일 큰 협동심이 만들어진 것이다.

협동심은 도움을 주고받고 마찰을 줄여가며 단단하게 길러진다. 나 아닌 다른 사람과 함께 있을 때만 겪을 수 있는 어려움이 있다. 내 아이를 왜 마음 안 맞는 아이와 같은 모둠에 넣었냐며 모둠을 바꾸어달라는 어머님의 요구가 있었다면, 줄넘기 안 해본 내 아이 힘들게 왜 몇 주 동안 긴 줄넘기를 강제로 시키느냐는 아버님의 불만이 있었다면, 줄넘기 못하는 친구 훈련 시키느라 스트레스받는 내 손자는 어쩔 것이냐 따지는 할머님이 계셨다면, 세상에서 제일 큰 협동심이 생겨날 수 있었을까?

내 자식만큼은 갈등이라는 걸 경험하지 않고 마음 편히 살게 하고 싶은 욕심에, 하나뿐인 귀한 내 자녀의 문제는 부모가 해결해야 한다는 사명감에, 아이가 또래 친구들과 교류하는 걸 제약하고 있지 않은가? 어려움을 극복하려는 아이의 노력에 제동을 걸고 있진 않은가? 자녀가 친구와 겪는 갈등 상황을 통제하고 있지 않은가? 내 아이가 큰 협동심을 기를 수 있는 기회를 부모가 막고 있는 건 아닌지 생각해볼 일이다.

건강 간식은
칭찬을 타고

5학년 1학기 실과 〈균형 잡힌 식생활〉 단원에는 '건강한 간식 만들기' 활동이 나온다. 어떤 간식을 만들지 계획을 세우고 재료와 조리 도구, 가열 기구를 준비한 뒤 친구들과 협력하여 건강한 간식을 요리하라고 한다. 학교 현장에서는 가열 도구를 사용하여 삶고 찌는 요리 실습은 거의 불가능에 가깝다.

이상과 현실 사이의 괴리를 알 리 만무한 해맑은 5학년 아이들은 실과 교과서에서 '건강한 간식 만들기' 활동에 가장 관심이 많았다. 4학년까지 없던 과목인 실과 교과서를 처음 받아 훑어볼 때부터 간절한 눈빛을 발사하며 물었다.

"선생님, 진짜 학교에서 음식 만들기 해요?"

아이들이 이토록 열망하는 활동을 위험하다는 이유로 안 할 수는 없었기에, 불 없이도 가능한 간식 만들기에 도전해보기로 했다.

"그냥 음식을 만들어서 내가 먹기 위한 활동이 아닙니다. 모둠이 협동하여 간식을 만들고, 다른 모둠 친구들에게 음식으로 마음을 나누는 시간입니다. 불 없이도 만들 수 있는 간식을 생각합니다. 6대 영양소와 식품 구성 자전거에 대해 배웠지요? 반드시 두 가지 이상의 식품군을 포함한 건강한 간식이어야 합니다."

나의 수업 의도는 첫 요리 실습으로 들뜬 아이들 귀에 전혀 들리지 않았다. 친구들과 학교에서 음식을 만든다는 사실만이 중요할 뿐이었다. 실습은 일주일 뒤에 하기로 하고 모둠별 계획서를 작성했다.

김밥, 초밥, 샌드위치, 햄버거, 카나페, 과일화채, 요거트 등 다양한 간식 목록이 결정되었다. 6대 식품군 중 우리 모둠 간식은 어떤 식품군에 해당하는지 생각하고, 계획서에 필요한 준비물과 요리법을 순서대로 적었다. 학급 친구들과 골고루 나누어 먹기 위해 재료를 얼마나 준비해야 할지 정한 뒤 모둠 인원수대로 준비물을 분배하고 역할을 나누었다.

"그거 우리 집에 있어요. 제가 가져올게요."

"무거운 건 제가 들고 올게요."

"우리 엄마가 잘 만드세요. 엄마한테 부탁드릴게요."

"모두 두 개씩 맡으면 남은 하나는 어쩌지요? 제가 세 개 준비할게요."

"그건 제가 마트 가서 사 올게요."

어렵고 힘들고 위험한 것을 서로 자기가 준비하겠다고 했다. 쉬운 것은 친구에게 양보하다가 싸움이 날 지경이었다.

실습 당일이 되었다. 등교하는 아이들의 손이 무거웠다. 한 사람도 빠짐없이 맡은 재료들을 잘 준비했다. 가열하거나 칼질이 필요한 재료는 가정에서 조리를 마친 상태로 예쁜 통에 담아왔다. 음식 나눔과 뒷정리에 필요한 도구까지 완벽했다. 첫 장사를 준비하는 사장님도 이보다 철저할 순 없으리라. 이러한 준비 자세라면 앞으로 어떤 어려움이 닥쳐도 거뜬히 해결할 수 있을 듯했다.

드디어 요리 실습이 시작되었다. 교실에서 웃음소리가 끊이질 않았다. 누구 하나 꾀부리거나 딴지 거는 사람 없이 각자 맡은 역할에 충실했다. 맛있고 건강한 간식이 뚝딱뚝딱 마법처럼 만들어졌다. 음식 만들기는 내가 그 무엇도 설명할 필요가 없었다. 우리 반 아이들이 요리에 재능이 있어서일까?

아니다. 아이들이 분주한 손으로 만드는 건 단순 음식이 아니기 때문이다.

"○○ 씨, 머리카락이 자꾸 흘러내리는데 비닐장갑 때문에 불편하지요? 저 고무줄 있어요. 제가 머리 묶어드릴게요."

"여러분이 음식 만드세요. 저는 나오는 쓰레기 정리할게요."

"□□ 씨, 팔에 케첩 묻었어요. 제가 물티슈로 닦아드릴게요."

"△△ 씨, 착즙기 계속 돌리니까 힘들지요? 이제 제가 즙 낼게요."

이 아이들은 예쁜 마음으로 행복을 빚고 있었다.

예쁜 접시에 보기 좋게 올려진 색색의 간식이 풍기는 고소한 냄새가 교실을 가득 채웠다. 아이들은 손수 만든 음식을 흐뭇하게 바라보며 침을 꼴깍 삼켰다. 그러나 모든 모둠의 간식이 완료될 때까지 누구 하나 눈앞의 음식을 덥석 집어 먹는 법이 없었다.

"체육 선생님께서 요리 실습하는 거 아시는데, 우리 모둠 간식 가져다드려도 될까요?"

기특한 누군가 이야기하자 더 기특한 누군가 제안했다.

"교장, 교감 선생님께 우리가 만든 간식을 가져다드리는 건 어떨까요?"

 말이 떨어지기가 무섭게 서로 자기가 교무실과 교장실에 가겠다고 아우성이었다. 가위바위보로 교무실 사찰단과 교장실 사찰단을 각각 두 명씩 선발했다. 각 모둠에서 제일 먹음직스럽고 모양이 온전한 간식을 하나씩 골라 예쁜 접시에 올려 '건강 간식 종합 세트'를 만들었다. 사찰단은 '건강 간식 종합 세트'를 조심조심 들고 교무실과 교장실에 다녀왔다. 깜짝 간식 선물에 감동하신 교장, 교감 선생님의 칭찬을 듬뿍 듣고 돌아온 사찰단의 얼굴에 영광스러운 미소가 번졌다.

 서로 협동하여 뒷정리까지 마친 아이들은 간식을 홍보하는 간판을 만들었다. '김 to the 밥', '라떼는 말이야', '삼각인 척하는 오각 관계', '김유김이 짱짱버거', '흑종원이 만든 긴긴밥' 등 개성 넘치는 간판을 모둠 책상에 세우자, 멋스러운 간식 전문점이 만들어졌다.

 드디어 시식 시간이 되었다. 학급 친구들과 음식으로 마음 나누기. 내가 생각한 건강한 간식 만들기의 활동 취지였다. 친구들이 정성스럽게 만든 간식을 그냥 먹을 수는 없다. 반드시 정당한 대가를 지불해야 한다. 그렇다면 돈을 내고 사 먹어야 할까? 우리 반만의 화폐를 만들면 어떨까? 높임말로 대화하며 칭찬이 넘치는 우리 반이 아니던가? 간식 1인분당 '5 칭찬'의 가격을 책정했다. 다른 모둠의 간식을 먹기 위해서는 다섯 개의 칭찬을 해야 한다.

"간식이 정말 먹음직스럽습니다. 플레이팅이 훌륭합니다. 간판이 아름답군요. 뒷정리도 잘하셨네요. 이것을 먹으면 건강해질 것 같습니다."

역시 숙련된 칭찬의 달인들이었다. 칭찬 5개를 속사포로 쏟아냈다. 얼른 칭찬해야 빨리 먹을 수 있다.

"음식 색깔이 예쁩니다. 냄새가 끝내줍니다. 어떻게 이 간식을 만들 생각을 하셨나요? 아이디어 좋습니다. 모둠원들 협동이 잘 된 것 같습니다. 그리고 마지막 하나…… 요리사의 얼굴이 잘생겼습니다."

급한 마음에 간식을 만든 친구의 외모 칭찬까지 했다. 모두 박장대소하며 맛있는 간식을 한가득 입에 넣었다.

친구와 칭찬을 주고받으며 먹는 간식. 이보다 더 맛있을 순 없었다. 음식도 나누고 칭찬도 나누었다. 건강한 간식으로 따뜻한 마음 나누기 성공. 교육의 이상과 현실의 괴리 극복하고 첫 요리 실습 안전하게 성공. 건강 간식은 칭찬을 타고 우리에게 잊지 못할 추억을 선물했다.

문만 열고 나가면 다양한 맛과 모양의 간식을 손쉽게 사

먹을 수 있는 세상이다. 편의점에서 혼자 스마트폰을 보며 라면과 삼각김밥을 먹는 아이들이 늘어날수록 가정에서 직접 간식을 만들어 먹는 경험을 한 아이들이 줄어들고 있어 안타깝다. 직접 만든 음식에 이렇게 성취감을 느끼는 아이들인데, 시간이 없고 위험하고 번거롭다는 이유로 소중한 경험에 제약이 생기는 것은 아닌지 의문이다.

우리 반 아이들은 친구가 만든 맛있는 간식을 먹기 위해 다섯 개의 칭찬을 지불했다. 친구들의 노력과 정성의 가치를 예쁜 말로 보상한 것이다. 문득 가정에서 식사할 때 아이들은 음식을 차려주신 부모님께 감사한 마음을 표현할지 궁금해진다. 부모님의 요리 실력을 칭찬할까? 풍족한 음식을 가족과 함께 먹는 일상이 얼마나 소중한 일인지 인지하고 있을까? 식사를 다 마친 뒤 잘 먹었다는 인사를 실천할까?

　따뜻한 말 한마디는 세상에서 제일 감칠맛 나는 양념이다. 감사와 칭찬의 말이 곁들여진다면 더 풍성한 식사 시간이 될 수 있다. 우리 반 아이들이 칭찬을 지불하여 특별한 간식을 먹을 수 있었던 것처럼, 부모님의 정성과 더불어 가족끼리 식탁에서 주고받는 감칠맛 나는 말 한마디가 아이를 더 건강하게 자라게 할 것이다.

높임말 마중물이
되고 싶었어요

"아휴! 답답해. 이 좋은 걸 왜 안 한다고 하는지 모르겠어요."

전교 회의에 갔던 6학년 우리 학급 임원들이 교실로 돌아왔다. 수업을 마치고 참석한 전교 회의라, 회의가 끝나면 바로 귀가해도 될 터였다. 하지만 나에게 속상한 회의 결과를 알리고 답답한 마음을 토로하기 위해 다시 교실로 왔다.

전교 회의 전 학급 회의를 진행했다. 우리 학급 특색인 '높임말로 대화하기'를 전교생 프로젝트로 만들어야 한다는 의견이 나왔다. 높임말 사용의 좋은 점이 너무 많다는 것이 근거였다.

"높임말을 사용하는 우리 반은 싸움이 없습니다. 전교생이 높임말을 쓰면 학교 폭력을 예방할 수 있습니다."

"친구를 부를 때 '야!' 대신 '○○ 씨' 존칭을 사용하기 때문에 존중받는 느낌입니다."

"높임말을 쓰면 갈등이 생겨도 대화로 쉽게 해결할 수 있습니다."

좋은 것은 모두 함께 사용해야 한다는 것이 아이들의 생각이었다. 학급 임원들이 전교 회의에 참석하여 '전교생 높임말 프로젝트'를 제안하기로 했다. 우리 학급의 의견을 잘 전달하고 오겠다며, 부푼 포부를 안고 전교 회의 장소로 출발했다.

교실로 다시 돌아온 그들은 실망이 컸다. 동생들의 반대로 '전교생 높임말 프로젝트' 의견은 채택되지 않았다. 좋은 것을 나누고 싶은 마음이 받아들여지지 않아 임원들은 많이 속상해했다. 답답한 마음이 더 큰 듯했다. 높임말을 써보지 않았으니 좋은 것을 모른다며. 일단 한번 써보면 다 알게 될 것을. 그리고 마지막 말을 덧붙였다.

"죄송해요. 높임말 마중물이 되고 싶었는데."

"선생님한테 왜 미안해요? 선생님은 여러분이 무척 자랑스러워요. 정말 애썼어요. 우리가 더 열심히 높임말을 사용해서 좋은 모습을 보여주면 돼요."

학급 임원들을 위로하고 집으로 보냈다. 그리고 그들의 마지막 말을 곱씹어 보았다. 아이들은 높임말의 마중물이 되고 싶다고 했다. 얼마 전 도덕 수업의 봉사 단원에서 '마중물'이라는 새로운 낱말을 배우고 일상 대화에 적용한 것이다. 마중물은 펌프에서 물이 나오지 않을 때 물을 끌어 올리기 위해 위에서 붓는 물을 뜻한다. 마중물을 한 바가지 붓고 펌프질을 하면 물이 콸콸 나오기 시작한다. 우리 반 아이들은 전교생이 예쁜 말로 대화하는 학교를 만들기 위해 스스로 높임말 마중물이 되고자 했다.

다음 날 아침, 학급 임원들이 반 전체에 전교 회의 결과를 전달했다. 나머지 아이들도 아쉬워하는 건 마찬가지였다. 그런데 몇 시간 뒤, 전교 자치회 담당 선생님으로부터 기쁜 소식이 전해졌다. '전교생 높임말 프로젝트'의 자율적 실천을 결정했다는 것이었다. 담당 선생님은 말했다.

"학생들의 주장이 매우 논리적이고 확고했어요. 열정적인 모습이 인상 깊었어요. 아이들 마음이 느껴져서 그냥 넘어갈 수 없었어요."

전날 회의에서 찬성자가 과반이 되지 않아 의견은 채택

되지 않았다. 전교생 의무 시행은 어려웠다. 그러나 고학년 위주의 자율 실천을 결정했단다. 우리 반 임원들의 열정적인 모습 덕분이었다. 좋은 것을 나누고픈 마중물 진심이 통했다.

그 후 전교생 높임말 프로젝트는 성공했을까? 아니다. 전혀 성공하지 않았다. 자율적 실천이 공지되었지만 그야말로 자율적으로 흐지부지 끝이 났다.

그렇다면 우리 반 학생들은 또 실망하고 답답해했을까? 아니다. 전혀 속상해하지 않았다. 대신 더 열심히 높임말로 대화했다. 학급에서뿐만 아니라 밖에서도 높임말 사용을 실천했다. 좋은 것을 몸소 보여주는 확실한 마중물이 되기 위해서였다.

"선생님, 학교에서는 높임말 전파를 못 했지만 제가 학원에서 높임말 프로젝트를 제안했어요. 이제 학원 친구들이 모두 높임말로 대화해요."

똑순 씨는 학원에서 높임말 마중물의 역할을 똑 부러지게 했다.

마중물이 되기 위한 아이들의 실행력은 학부모님들의 생생한 증언을 통해서도 확인할 수 있었다.

"학원 가방 주려고 교문에서 하교하는 아이를 기다리고 있으면 우리 반 아이들은 딱 티가 나요. 저 멀리서부터 높임말로 대화하며 오거든요."

"선생님, 도대체 아이들한테 무슨 마법을 쓰신 거예요? 자기들끼리 전화 통화할 때도 높임말을 해요. 어른과 통화하는 줄 알고 누구랑 전화하는 거냐고 물었잖아요. 심지어 문자도 높임말로 보내던데요."

"선생님, 감사합니다. 우리 ○○ 씨가 집에서도 가족들에게 높임말을 해요. 이제 습관이 되었나 봐요. 저까지 '○○ 씨'라고 부르게 되었어요. 호호호."

우리 반 아이들이 그토록 전교생이 높임말 프로젝트를 원했던 이유는 무엇일까? 높임말을 실천하며 인간관계에서 소중한 덕목을 알게 되었기 때문이다. 고운 말을 하다 보니 행동이 바뀌고 생각이 변화하는 것을 몸소 체험했다. 그리고 긍정의 변화를 학교 전체가 느끼기를 바랐다. 말라붙은 펌프의 물을 끌어당기듯 아이들은 따뜻한 언어로 메마른 학교를 촉촉하게 적시고자, 자발적으로 높임말 마중물을 자처했다.

전교생에게 높임말을 전파하지 못한 채 아이들은 졸업했다. 그러나 좋은 것에 대한 확고한 신념, 함께 하자고 제안할 수 있는 용기, 꾸준히 실천하는 실행력만큼은 아이들의 재산이 되었으리라. 전교생 높임말 프로젝트를 추진했던 힘은 아이들 내면에 고스란히 새겨져 그들이 성장하는 에너지가 되리라 확신한다. 높임말로 대화하는 아이들은 앞으로도 좋은 것을 알아보고 실천하며 아름다운 세상을 가꾸는 일에 앞장설 것을 굳게 믿는다.

아이들은 뜨거웠다. 높임말 사용에 자부심이 넘치고 적극적으로 나누려고 했다. 써본 사람만이 경험할 수 있는 진심 어린 열정이었다. 살면서 그런 순수한 마음이 점점 사라지는 것 같다. 내가 하는 일을 강하게 믿고 온 마음을 다해 사랑했던 기억이 있는가? 우리 아이들은 뜨거운 열정을 고스란히 간직하며 살기를 간절히 기도한다.

높임말 사이에는
싸움이 낄 틈이 없다

우리 반은 높임말로 대화한다고 말하면 사람들은 십중팔구 놀란다.

"아이들끼리 높임말을 쓴다고요? 그게 가능해요?"

가능한 정도가 아니라 아이들이 높임말을 전파할 정도라고 대답한다. 그러면 바로 질문이 나온다.

"높임말로 이야기하면 확실히 싸움이 줄어요?"

싸움이 줄어드는 정도가 아니라 높임말이 예쁜 행동과 바른 생각까지 만들어 행복한 학급이 된다고 말한다. 그다음 반응은 대부분 긍정적이다.

"신기해요. 아이들이 참 예쁘네요."

"우리 반은 다툼이 많은데 저도 높임말 시도해보고 싶어요."

그런데 아주 간혹 이런 반응도 있다.

"굳이 아이들끼리 높임말을 할 필요가 있어요? 존칭까지 쓰는 건 좀 과하지 않아요?"

과할 수도 있다. 또래끼리 반말을 사용하는 건 당연하다. 높임말 사용을 결정하는 기준이 '나이'인 우리나라에서 같은 반 친구와 높임말을 쓰는 것은 부자연스럽다. 하지만 직접 해보지 않고 대뜸 부정의 잣대를 세우는 사람에게 되묻고 싶다.

"잘 생각해보세요. 학급 아이들 싸움의 원인이 무엇인가요? 가족 간의 갈등 어디서 시작되나요? 타인과의 문제는 어떤 말에서 비롯되나요?"

길을 걷다가 돌연 눈이 번쩍 떠졌다. 아파트 현관에서 경비원 어르신과 두 명의 젊은 남성이 언성을 높이고 있었다. 경비원은 지긋해 보였고, 얼핏 봐도 일흔은 넘으신 듯했다. 남성들은 20대로 보였다. 내 귀가 코끼리 덤보처럼 커진 건 그들 사이에서 반말이 오갔기 때문이다.

"아저씨가 반말하면 나도 반말을 할 수밖에 없지."

"이거 봐. 젊은 사람이 반말을 찍찍하고."

"아저씨가 처음 보는 나한테 반말했으니 나도 하지."

"야! 너 자꾸 나 약 올릴 거야?"

추정컨대 현관 인터폰 고장이 문제인 것 같았다. 하지만 그들은 문제를 해결할 생각이 눈곱만큼도 없어 보였다. 싸움 주제는 '반말'이었다.

『신지영 교수의 언어감수성 수업』에서 신지영 교수는 반말이 우리 사회에서 중요한 갈등 요소가 되고 있다고 지적한다. 반말로 촉발된 폭행을 비롯해 예상을 뛰어넘는 다양한 사건들이 연일 발생하며, 반말로 인한 갈등은 폭언과 욕설, 폭행을 넘어 살인을 부르기도 한다고 한다. 실제로 문화일보 2021년 7월 22일 자 기사는 우리나라에서 벌어진 우발적 살인의 원인 대부분이 반말이었다고 분석했다.

우리말은 말하는 상대와 나와의 위계 관계가 반말과 높임말이라는 언어적 형식으로 바로 드러나는 특징을 가지고 있다. 따라서 상대를 높이는 높임말과 달리 반말로 인한 갈등이 생길 수밖에 없다.

성인을 대상으로 한 조사 결과를 학교 현장에 100퍼센트 적용하는 것은 무리가 따른다. 그러나 학교와 학급은 작은 사회이다. 어른들의 세상 못지않게 체계와 시스템이 존재한다.

반말이 갈등 요소가 되는 것은 어른 세상이나 아이들 세상이나 마찬가지이다. 반말이 당연한 아이들 세상에서 다툼의 주원인은 바로 아이들 입에서 나오는 '말' 때문이다.

　학교와 학급에서 아이들 갈등의 시작은 항상 작은 실수 행동이다. 그러나 친구의 실수를 자신에 대한 고의적인 적개심으로 받아들여 왜 그랬냐고 쏘아붙이는 말을 하는 순간 싸움은 벌어진다. 갈등의 진짜 원인은 뒷전이 된 채, 모멸감과 수치심을 주는 말로 서로를 헐뜯고 할퀴기만 한다. 반말이 기본 언어였으니 다른 사람에게 상처를 주기 위한 수단으로 아이들이 선택하는 것은 바로 욕설이다. 그래도 분이 풀리지 않으면 주먹이 나간다.

　높임말이 기본이 되면 상황은 달라진다. 친구의 실수를 자신을 향한 악의적인 행동으로 받아들이지 않는다. 그동안 존중하고 존중받는 학급 분위기에서 생활했기 때문이다. 대뜸 화내고 상대를 비난할 이유가 없다. 아무도 잘못하지 않았는데 서로 자기가 더 미안하다고 한다.

　"○○ 씨, 제 가방을 밟으셨어요. 괜찮으세요?"
　"앗! 죄송해요. 가방을 못 봤어요. 조심해야 했는데."
　"아니에요. 제가 미안해요. 가방 문이 열려서 통로가 좁아서 그런가 봐요. 제가 가방 문을 닫을게요."

보통 이렇게 훈훈하게 마무리되며, 갈등이 아니라 친구의 친절을 발견하는 계기가 된다.

높임말로 대화하는 아이들도 평범한 대한민국 초등학생들이다. 그들도 화를 낸다. 다만, 높임말로 다툰다.

"○○ 씨, 제 가방 밟으셨잖아요. 그냥 가면 어떡합니까?"

"△△ 씨, 제가 모르고 그랬는데 왜 화를 냅니까?"

"○○ 씨가 그냥 가니까 그렇지요. 사과해야 하는 거 아닌가요?"

"먼저 화낸 건 △△ 씨잖아요."

절대 욕설이나 폭력까지 가지 않는다. 높임말로 옥신각신하는 아이들을 보고 있으면, 화가 나도 감정이 극에 달해 통제 불가능 지경까지 가지 않는다는 결론을 내리게 된다. 이쯤 되면 담임이 한마디 한다. 그러면 상황은 종료된다.

"○○ 씨, △△ 씨, 설마 지금 둘이 싸우는 건 아니지요?"

"선생님, 저희 안 싸우는데요."

사실 이것은 싸움이라고 할 수도 없다. 작은 에피소드라고나 할까?

감정 통제에 어려움이 있는 아이들은 순간의 감정을 제어하지 못하고 반말로 싸우는 일이 드물게 발생하기도 한다.

"네가 내 가방 먼저 밟았잖아. 사과해."

"야, 네가 먼저 화냈잖아."

그런데 내가 중재하면 금방 자기 잘못을 뉘우치고 다시 높임말로 이야기한다.

"○○ 씨가 제 가방 밟아서 화가 났어요. 제가 먼저 화낸 건 잘못했어요."

"△△ 씨가 대뜸 화내서 기분이 안 좋았어요. 제가 바로 사과하지 않은 건 잘못했어요."

싸움이 일어나도 오래 지속되지 않는다. 금방 해결된다. 언제 싸웠냐는 듯 높임말로 또다시 조잘거린다. 평소에 높임말을 쓰며 배려하는 분위기가 형성되었기에, 친구가 순간 이성을 잃었다는 것을 안다. 높임말에는 화나는 감정을 누그러뜨리는 마법의 힘이 있다.

높임말이 기본이 되면 큰 갈등이 말다툼이며, 최악의 상황은 반말이다. 높임말은 학급이라는 공동체의 수준을 한층 높인다.

우리 학급의 높임말 사용에 대해 회의적인 반응을 보이는 사람들에게 셀 수 없을 만큼 많은 장점을 일일이 열거하기도 입이 아프다. 딱 한마디만 하고 싶다.

"우리 반은 언어의 수준이 다른 공동체입니다."

아이들에게
화낼 일이 사라진 이유

 높임말을 쓰면서 아이들에게 화내는 일이 거의 없어졌다. 알아서 잘하는 아이들에게 화낼 이유가 무엇이겠는가? 매주 목요일 6교시를 마치는 종소리와 함께 제출 공간에 배움 공책이 착착 쌓였다. 행복 일지를 검사하는 금요일이면 아침부터 칭찬받자마자 일지를 정리해서 제출했다. 점심시간까지 내도 된다고 해도, 누가 먼저 칭찬받고 행복 일지를 내는가 경쟁 아닌 경쟁을 하기도 했다. 채점한 단원 평가 시험지를 나누어준 다음 날은 오답 정리 공책을 제출해야 하고, 시험지에는 부모님 말씀까지 받아와야 한다. 아이들 과제뿐 아니라 부모님 숙제까지 있는 셈이다. 다음 날 아침 등교 시간, 아이들은 저마다 오답 공책과 시험지를 꺼내 제출하면서 하루를 시작한다. 모든 할 일이 습관이 되어 자동으로 이루어졌다. 1년 내내 해마다 그랬다.

그렇다면 높임말을 쓰는 아이들은 절대 담임을 화나게 하지 않을까? 그게 사실이면 대한민국 교육 과정에 높임말 교과를 새로 만들거나, 각 학년 도덕 교과에 높임말 단원을 삽입해야 할 일이다. 아이들은 아이들이다. 왜 담임이 화날 일이 없겠는가?

높임말을 쓰며 좋은 점은 아이들에게 화가 나도 소리 지를 필요가 없다는 것이다. 그렇다면 교사는 격한 감정을 어떻게 표현할까? 높임말로 대화하는 아이들은 다음 단계를 통해 담임의 감정 변화를 빠르게 포착하고 살길을 모색한다.

1단계 : 싸늘한 눈빛

나를 보는 선생님의 눈초리가 싸하다. 선생님과 눈을 마주칠 수 없다. 생각하자. 또 생각하자. 내가 뭘 잘못했지?

2단계 : 성까지 붙인 이름 세 글자 △□◇ 씨

선생님이 나를 '△□◇ 씨'라고 차갑게 불렀다. 평소 부드럽게 부르던 '□◇ 씨'가 아니다.

아뿔싸! 또 나만 과제를 제출 안 했나 보다. 우리 반 친구들 정말 너무 빠르다.

3단계 : 존칭 빠진 이름 □◇야

나의 이름에서 존칭이 빠져버렸다. 선생님이 '□◇ 씨' 대신 '□◇야'라고 나를 불렀다.

큰일 났다. 우리 선생님 화났다. 어제 수업 끝나고 운동장에서 있었던 일을 선생님이 알아버렸나 보다.

4단계 : 높임말이 아닌 평어 어미

선생님이 "어제 운동장에 남아서 축구 했어?"라고 평어로 물었다. "우리 □◇ 씨, 어제 운동장에 남아서 축구 했나요?"가 아니다. 이미 선생님은 내가 한 모든 것을 알고 있다. 사실대로 실토하자. 진실만이 살길이다.

게다가 선생님이 나한테만 작은 소리로 물었는데, 학급 전체에 정적이 찾아왔다.

5단계 : 경고 멘트

"정신 차리고 제대로 살자."

무섭다. 친절한 우리 선생님은 어디로 갔을까?

이제 5분 내로 내 행각이 부모님 귀에 들어가겠다. 선생님의 철저한 가정 연계 시스템으로 우리 부모님은 내가 학교 안팎에서 저지르는 모든 것을 알고 있다. 난 오늘 집에 가서 죽었다.

6단계 : 침묵

선생님이 아무 말도 하지 않는다. 반 친구들이 선생님 눈치만 본다. 숨소리도 내지 못하고 각자 할 일을 찾아 열심히 하고 있다. 잘못은 내가 했는데, 친구들이 공포에 떨며 얼굴이 사색이다. 난 대역 죄인이다. 앞으로 절대 운동장에 남아서 사고 치지 말아야지.

교사는 흥분하지 않아도 된다. 이러쿵저러쿵 말할 필요가 없다. 소리 지를 이유도 전혀 없다.

담임의 눈빛만 바뀌어도, '□◇ 씨' 대신 '□◇야'라고만 불러도 아이들은 잘못을 뉘우친다. '□◇ 씨'가 연인들 사이의 '자기야' 수준이라면, '□◇야'는 법정에서 최후의 진술을 요구하며 판사가 피고인을 부르는 느낌이다. 담임 입에서 높임말이 아닌 반말이 나온다면 그날은 아주 큰일이 났음을 의미한다. 담임의 침묵은 반 전체를 살얼음판으로 만든다. 이제는 누가 무슨 잘못을 했는지 중요하지 않다. 모두가 바르게 앉아 조용히 담임의 화가 누그러지기를 기다리는 수밖에 없다.

기본값이 친절한 높임말이다. 그것을 빼면 화가 났다는 뜻이다. 이보다 더 확실한 감정 표현은 없다. 만약 기본값이 반말이라면 화난 감정을 표현하기 위해 그보다 수위가 높은 부정적인 말과 행동을 해야 한다. 예전에 나도 그랬다. 화난 걸 표현하기 위해 목청 높여 아이들을 다그치고 협박 발언을 했다. 훈계하다가 흥분해서 더 크게 소리를 질렀다. 그러나 부정 언어로 하는 훈육은 아이들에게 전혀 효과가 없었다.

높임말을 쓰며 아이들이 달라졌다. 교사가 심하게 화낼 일 자체가 발생하지 않는다. 담임의 화남 정도 6단계까지 가는 일은 몇 년에 한 번 있을까 말까이다. 그래도 간혹 화날 일이 발생한다면 우악스럽게 소리 지르지 않아도 된다. 낮은 목소리로 우아하게 한마디만 하면 끝이다.

"□◇야, 어제 운동장에 남아서 축구 했어?"

말의 내용이 아닌 뉘앙스를 바꾸는 것이다. 높임말이 반말로 바뀌는 순간 아이들은 직감한다.

'우리 선생님 화났다. 큰일 났다.'

몇 해 전 우리 반 금쪽 씨가 했던 말이 생각난다. 학급에서는 곱게 높임말을 쓰고 내 앞에서는 순한 양이던 금쪽 씨는 밖에만 나가면 다른 학급 친구들과 합심하여 용감하게 기세를 펼쳤다. 전날 학교 밖에서 일어났던 사건으로 금쪽 씨는 담임의 화남 정도를 5단계까지 경험했다. 촘촘한 가정 연계 시스템으로 인해 이미 사건을 알고 있는 어머니와 바른 생활을 약속하며 그는 이렇게 말했다고 한다.

"차라리 우리 선생님이 심하게 화를 냈으면 좋겠어. 진짜 미치겠네."

임시방편으로 상황을 모면하고 몸으로 때우는 것에 익숙한 금쪽 씨는 미칠 지경이었다. 아무것도 하지 않던 자신이 뭔가 하기만 하면 선생님이 칭찬했다. 하기 싫어 죽겠는데 칭찬받으니 안 할 수가 없었다. 자신이 잘못했을 때 화를 내면 차라리 대들기라도 할 텐데, 당최 화내지 않는 담임. 그러나 평소와 달리 웃음기 싹 뺀 담임 앞에서 순순히 잘못을 인정할 수밖에 없었으리라.

이후 금쪽 씨의 학급 내 생활은 점점 안정적으로 변화했다. 수업에 열심히 참여하고, 할 일을 끝까지 하기 위해 노력했으며, 봉사에 앞장섰다. 학교 밖 사건 사고도 많이 줄었다.

나그네의 외투를 벗긴 것은 찬 바람이 아니라 따뜻한 햇

살이었다. 금쪽 씨를 변화시킨 것은 큰소리로 화내는 교사가 아니다. 바른 생활을 안 하고는 못 배기게 했던 칭찬이었다.

높임말 학급 운영의 가장 큰 목적은 아이들의 언어 순화이다. 게다가 해를 거듭할수록 이것은 교사인 나를 위한 일이기도 하다는 걸 깨닫는다. 학급에서 높임말로 노래하는 천사들의 합창을 듣는 시간만큼은 더없이 행복하다. 귀가 깨끗하게 정화되는 기분이다. 사람 사이의 의사소통이 중요한 나는 부정의 언어를 사용하는 사람과 가까이 지내는 것이 힘들다. 나쁜 말을 하는 아이들을 보면 고쳐주고 싶은 충동을 참을 수 없다.

한번은 전년도 학부모와 안부를 주고받다가 재미있는 이야기를 나누었다.

"어머님, 우리 장발 씨가 급식실에서 만나면 반갑게 인사를 해주어서 참 고마워요."

"우리 장발이도 급식실에서 잠깐이라도 선생님 뵈어서 좋대요. 선생님, 안 그래도 감사하다고 연락드리려고 했어요."

"네? 뭐가요?"

"우리 장발이 머리 보셨지요? 아무리 머리 깎자고 해도 죽어도 싫다고 장발로 기를 거라고 막무가내로 고집을 피우지 뭐예요. 몇 주를 실랑이했어요. 그런데 김희영 선생님이 머리 길다고 하셨다고 바로 깎았잖아요."

"정말요? 인사하면서 '우리 장발 씨 머리가 많이 자랐네요. 머리 짧은 게 더 멋있는데'라고 얘기하긴 했지요. 제 말에 바로 머리를 깎았다니, 장발 씨한테 고맙다고 해야겠어요."

"엄마 말은 그렇게 안 듣더니. 선생님, 정말 감사해요."

장발 씨는 확실히 짧은 머리가 잘 어울렸다. 모든 학생이 장발 씨와 같다면 얼마나 좋을까?

"자녀가 부모님을 답답하게 하거나 화나게 하거나 소리 지르게 하는 모든 사항을 담임, 전 담임, 전전 담임인 저에게 제보하세요.제가 부모님 대신 말 한마디로 몽땅 해결해드리겠습니다. 부모님은 절대 화내는 모습을 자녀에게 보이지 마시고 우아한 부모 역할만 하세요. 기품 있는 부모, 제가 확실히 책임지고 만들어드리겠습니다."

이렇게 외칠 수 있다면 얼마나 좋을까? 부모님 속을 부글부글 끓게 하는 제반 사항을 교사인 내가 한마디로 해결하고, 부모님들은 우아하게 칭찬만 하시라고 하고 싶다. 진심으로. 하지만 자녀로 인한 감정 폭발 상황에서도 어른인 우리가 참고 인내하며, 먼저 예쁜 말로 아이에게 다가가자고 응원밖에 할 수 없는 현실이 안타까울 뿐이다.

4장
높임말로 표현하는 마음의 깊이

마음을
표현하는 아이들

4교시 체육 수업 전 쉬는 시간이었다. 아이들을 체육 전담 선생님께 데려다주기 위해 운동장으로 나가는 길에 꽃보다 남자 씨가 신발을 갈아 신다가 나를 불렀다.

"선생님~"

그는 수줍은 미소를 띠며 갑자기 손을 내 앞으로 뻗었다. 그리고 살포시 쥔 주먹을 펼쳤다.

"선생님처럼 예쁜 꽃 선물."

꽃보다 남자 씨의 손바닥에는 벚꽃 한 송이가 놓여 있었다. 실내화 주머니를 내려놓은 곳에 벚꽃이 떨어져 있었던 모양이다. 떨어진 벚꽃을 담임에게 선물하다니. 그해 봄 처음 받는 꽃 선물이었다. 자신의 마음을 예쁜 말로 표현할 줄 아는 꽃보다 예쁜 아이. 아이들 인솔과 처리해야 할 업무들에 분주했던 마음이 벚꽃 선물을 받고 나니 왠지 느긋해졌다. 꽃보다 남자 씨에게서 받은 벚꽃 잎을 컴퓨터 모니터 앞에 놓고, 몇 번이고 다시 바라보았다. 행복한 기분으로 해야 할 일을 하나하나 처리했다.

우리 반 방송반 예쁜이 씨가 금요일 오후에 하교했다가 다시 교실 문을 조심스레 열었다.

"방송반 예쁜이 씨, 무슨 일이에요?"

"선생님 이거 드실래요?"

예쁜이 씨는 두 손으로 무언가 감싸 쥐고 스르륵 내 앞으로 왔다. 그리고 책상 위에 살포시 내려놓았다. 그녀가 가지고 온 것은 탄산음료였다.

"오늘 방송반 모임이 있어서 갔다가 간식을 받았어요. 이 음료수 선생님 드세요."

"방송반 예쁜이 씨가 마셔요."

"저는 탄산음료를 안 먹어서요."

"그럼 가족들 가져다주세요."

"가족들도 다 안 먹어요. 선생님 드시면 좋겠어요."

자기가 안 마시는 탄산음료를 나에게 떠넘겼다는 생각은 전혀 들지 않았다. 방송반에서 간식 선물을 받고 담임 생각을 한 것이다.

"고마워요, 방송반 예쁜이 씨. 선생님이 잘 마실게요."

예쁜이 씨는 평소 조용한 성격이었다. 좀처럼 자기 마음을 크게 드러내지 않았다. 방송반 모임을 마치고 혼자 교실로 돌아와 마음을 표현하기까지 큰 용기가 필요했을 터였다. 자신이 방송반에서 한 학기 동안 열심히 봉사하고 받은 간식 선물을 나에게 주려고 다시 교실을 찾은 예쁜이 씨의 예쁜 마음이 정말 감동적이었다(사실 선생님도 탄산음료를 안 마신다는 건 비밀이다). 책상 위에 놓인 것은 탄산음료가 아니라 예쁜이 씨의 마음이니까!

9월 독서의 달을 맞이하여 학교 도서관에서 Book적 Book적 행사를 진행 중이었다. 아이들에게 안내하고, 학급 게시판에 홍보물을 붙여놓았다. 관심을 보이는 아이들이 거의 없었다.

스스로 가지 않는다면 담임이 데리고 가야지. 사서 선생님께 연락해서 우리 반 도서관 활용 시간을 확인하고 예약했다. 수요일 5교시에 도서관에서 '동시 필사하기'를 하겠다고 아이들에게 안내했다.

수요일 점심을 먹고 부랴부랴 교실로 올라왔다. 5교시에 도서관에 가야 하니 마음이 분주했다. 교실 문을 열었다. 앗, 이렇게 예쁠 수가! 아이들이 사인펜과 색연필을 들고 자리에 앉아 있었다. 동시 필사 준비를 끝냈다는 자랑스러운 표정으로. 비록 자발적인 참여는 어려운 아이들이었지만, 담임이 계획하면 잘 따라주었다. 바로 도서관으로 출발!

아이들은 도서관 책꽂이 분류 번호 810번 대에서 동시집을 한 권씩 선택했다. 마음에 드는 동시를 고른 뒤 필사하는 시간을 가졌다. 모두 진지하게 정성껏 동시를 옮겨 적었다. 그림도 그리고 색깔도 칠했다.

필사 용지를 제출하며 계획 씨가 말했다.

"이거 선생님이에요. 제가 선생님 그린 거예요."

세상에! 선생님에 대한 시를 필사하고 선생님을 그려주다니. 계획 씨가 고른 동시집은 『놀아요 선생님』(남호섭, 창비, 2021)이었다. 조금 전에 수많은 시집 중 이 동시집을 발견하고 나를 보고 활짝 웃던 계획 씨 얼굴이 기억났다. 시집을 발견한 순간, 그녀의 머릿속엔 벌써 선생님 필사를 실행할 큰 그림이 그려진 게 분명하다.

"계획 씨, 선생님 정말 감동했습니다. 감동적인 순간은 저장해야지요."

필사 용지를 들고 있는 계획 씨 사진을 찍은 뒤, 필사한 시만 따로 촬영하며 말했다. 계획 씨도 미소 지으며 좋아했다.

도서관에 가서 독서 행사에 참여하지 않았다면 만나지 못했을 감동이었다. 예쁜 동시를 필사하며 아이들 모두의 마음속에 행복이 피어났기를, 감동한 담임의 모습이 아이들 마음에 따스함 한 스푼으로 더해졌기를 바랐다.

나는 계획 씨가 필사한 동시의 주인공 선생님처럼 그냥 놀게 하는 담임은 절대 아니다. 그러나 아이들의 성장과 행복을 누구보다 간절히 바라는 선생님이라고 자신 있게 말할 수 있다.

높임말을 쓰는 사람들 사이에 거리감이 생긴다고 생각할 수 있다. 높임말이 예의 바르고 존중하는 사람들을 만드는 것은 분명하다. 그러나 절대로 불편하고 어려운 사이를 만들진 않는다. 높임말을 학급 특색으로 정하기 전과 후를 비교하면, 높임말을 쓰면서 교사와 학생 사이가 훨씬 가까워졌다.

"선생님, 드릴 말씀이 있는데요" 하고 찾아오는 아이들의 사연은 짝사랑하는 상대에게 언제 고백해야 할지에 관한 연애 상담이기도 했고, 생리적인 현상에 대한 고민일 때도 있었다. 서먹해진 이성 친구와의 관계로 시작했다가 학교 밖에서의 생활 지도로 이어지기도 했고, 그동안 비밀로 했던 가정생활의 어려움을 털어놓기도 했다. 높임말은 마음을 표현하고 싶게 만드는 감동의 언어가 틀림없다. 바른 언어를 사용한다는 사실이 자랑스러워 자꾸만 속마음을 당당하게 꺼내고 싶어진다. 표현 방법에 확신이 있으니 드러내고 싶은 마음을 주저할 이유가 없다.

높임말 쓰는 학급에서 마음을 표현하는 건 비단 아이들만이 아니었다. 학부모님들도 장문의 문자나 손 편지로 마음을 나누어주셨다.

> "친정 엄마랑 종종 이야기해요. 제가 학창 시절에 선생님 같은 선생님을 만났으면 서울대는 갔을 거라고. 아이의 변화만큼 엄마도 성장하게 해주셔서 감사합니다."

아이 셋 육아로 지칠 대로 지쳤던 학부모님은 엄마 힘든 것보다 아이 인생을 생각하라는 첫째 아이 담임의 말에 정신이 번쩍 들었다고 했다. 엄마가 아이에게 관심을 보이자 동생들에게 빼앗긴 부모의 사랑이 고팠던 첫째는 급속도로 변화했다. 생활 태도, 집중력, 학업 성취도, 친구 관계 등 모든 것이 좋아졌다. 심지어 손톱을 물어뜯는 나쁜 버릇까지 사라졌다. 학년 말 편지지 네 장을 빼곡하게 채운 학부모의 감사 편지는 감동을 넘어 감격스러웠다. 어머님의 마음이 고스란히 느껴져 읽고 또 읽었다.

> "힘든 상황에서도 아이들을 지켜야 한다는 사명감으로 최선을 다해주셔서 감사합니다. 공교육이 바로 서야 우리 아이들이 좋은 환경에서 공부할 수 있다고 믿습니다. 선생님, 힘내세요. 파이팅!"

전국의 교사들이 공교육 정상화와 교권 보호를 외쳤던 뜨거웠던 여름, 공교육을 믿고 교사를 지지한다는 학부모의 응원 편지를 받고 눈물을 펑펑 흘렸다.

아름다운 마음을 표현할 수 있는 고운 언어가 있다는 건 얼마나 다행스럽고 감사한 일인가? 우리는 예쁜 말로 마음을 주고받으며, 서로를 귀하게 여기는 특별한 사이가 되었다.

감동의 드라마
아름다운 대본

 드디어 기다리고 기다리던 디데이. 이날을 위해 두 달을 준비했다. 아이들의 손에는 항상 이것이 쥐어져 있었다. 결과는 중요하지 않았다. 매년 7월 우리 반 학생들은 감동 드라마의 주인공이 되었다. 세상에서 제일 예쁜 응원과 격려의 말이 이 드라마의 대사였다. 드라마의 제목은 '우리 반 공기 대회'!

 대회 당일 두 명씩 짝을 지어 번갈아가며 경기를 진행했다. 짝꿍이 공정한 경기를 하는지 서로 관찰하고 점수를 계산했다. 그러나 관찰보다 더 중요한 짝꿍의 역할이 있었다.

 "천천히 하세요. 괜찮아요. 시간 많아요."

"할 수 있어요. 조금만 더 하면 돼요. 힘내요."

"너무 잘했어요. 역시 우리 ○○ 씨. 축하해요."

공기 대회 내내 예쁜 말들이 들려왔다. 참가자들이 경기할 때 지켜보는 짝꿍들의 말이었다. 짝꿍의 역할은 감시와 감독이 아니었다. 응원과 격려가 바로 그들의 진정한 역할이었다.

제한 시간을 안내하는 스톱워치가 째깍째깍 돌아가면 아이들은 긴장했다. 공기 국가대표 선발 대회도 아닌데 그렇게 진지할 수가 없었다. 긴장 속에서 떨리는 손으로 공깃돌을 던졌다. 아무리 떨려도 제한 시간이 끝나기 전에 절대 포기란 없었다. 공깃돌 하나라도 더 잡아내려고 집중했다. 긴장을 이겨 내는 힘을 기르는 시간이었다. 함께 긴장을 경험한 아이들은 끈끈해지고 동지애가 발동했다. 짝꿍이 각 단계를 통과하기를 진심으로 바랐다.

"선생님, 스톱워치 째깍째깍 소리 좀 안 나게 해주시면 안 될까요? 짝꿍이 너무 긴장했어요. 손에 땀이 흥건해요."

모든 참가자가 같은 마음을 담아 간절한 눈빛을 담임에게 보냈다. 원활한 경기 진행을 위해 나는 재빨리 스톱워치 소리를 죽였다.

1마당은 5분 동안 5년 내기로 진행했다. 자기가 열심히 해서 꺾기 5년 이상만 획득하면 1마당 통과였다. 매년 대회 방식을 조금씩 변형하다가 3년 전부터 절대 평가 방식으로 안정화가 되었다. 누군가를 이겨야 하는 상대 평가가 아니다. 절대 평가는 자신과의 싸움이었다.

　1마당 경기 결과 통과하지 못한 아이는 딱 6명. 25명 중 19명이 통과했다. 5분에 5년 내기는 식은 죽 먹기였다. 하지만 기준이 아무리 낮아도 탈락자는 있기 마련이다. 1마당에서 0년으로 탈락한 참가자가 매우 아쉬워했다. 눈물이 나려는 걸 꾹 참았다. 친구들이 아쉬움 씨의 어깨를 토닥이며 말했다.

　"아쉬움 씨, 괜찮아요. 잘했어요. 최선을 다한 거예요."

　"아쉬움 씨, 혹시 패자 부활전 있을 수도 있어요. 울지 말아요."

　아쉬움 씨는 주위 친구들의 위로 속에 금방 마음을 다스렸다. 친구들의 따뜻한 위로로 탈락의 순간 속상한 마음을 조절하는 방법을 배웠으리라.

　1마당 통과자들은 5분 동안 10년 내기인 2마당에 도전했다. 이번에도 훌륭한 결과였다. 딱 2명만 탈락했다. 17명이 3마당에 진출했다. 스톱워치가 5분을 알리는 순간과 동시에 정확하게 10년을 꺾은 참가자가 있었다.

　"야호!"

　통과자가 아닌 짝꿍이 환호했다.

3마당은 5분 동안 20년 내기였다. 더 긴장하고 집중했다. 한층 열심히 서로를 응원했다. 3마당 통과자들은 결승전에 진출하기 때문이었다. 3명이 탈락하고 14명이 결승전에 진출했다.

탈락자들이 너무 아쉬워했다. 패자 부활전을 실시했다. 3분 동안 5년 내기. 통과 기준을 낮게 잡았다. 탈락해도 포기하지 않고 열심히 하면 기회가 찾아오는 걸 알게 하고 싶었다. 3명이 부활했다. 탈락했다가 결승전에 진출하게 된 순간 부활자들은 이미 승자였다.

"너무 떨려요. 땀이 엄청 났어요. 온몸이 긴장해서 다리까지 아파요."

3마당 통과자 14명과 패자 부활전 3명, 총 17명의 결승전이 긴장 속에 시작되었다. 결승전은 제한 시간 없이 한 사람씩 돌아가며 1알부터 꺾기까지 실시했다. 중간에 공깃돌을 떨어뜨리면 가차 없이 탈락. 꺾기 결과를 합산하는 방식이었다. 그야말로 자신과의 싸움이었다. 어떤 상황에서도 집중해야 한다. 1알, 2알, 3알……. 25명 모두가 숨죽여 지켜보았다. 4알까지 성공. 꺾기만 하면 된다. 긴장 속에 적막이 흐르는 가운데 꺾기 성공의 순간,

"와!"

25명의 환호성이 터졌다. 모두 펄쩍 뛰며 자기 일처럼 한마음으로 기뻐했다.

"○○ 씨! 잘한다! 파이팅!"

탈락자들이 자체적으로 응원단을 구성해 팔을 높이 쳐들고 좌우로 방향과 박자를 맞춰 흔드는 모습이 보였다. 탈락했지만 이들은 낙오자가 아니었다. 스스로 축제를 즐기는 방법 찾았다. 온 마음 다해 힘차게 응원했다. 하지만 결승전 진출자들의 공기 향연이 시작되면 "쉿! 조용히 해요. 마음으로 응원해요" 하며, 모두 숨을 죽였다. 긴장한 친구를 방해하지 않으려는 배려였다.

평소 뛰어난 공기 실력을 발휘했던 참가자들이 하나둘씩

탈락했다. 여러 사람 앞에서 공개적으로 하는 공기는 결코 쉬운 일이 아니었다. 참가자들의 손에서 바닥으로 공기가 떨어지는 순간 "아우!" 반 전체 아쉬움의 탄성이 나왔다. 그러나 1초도 안 되어 우레와 같은 격려의 박수가 쏟아졌다. 친구들이 탈락자를 안아주며 말했다.

"○○ 씨~ 너무 잘했어요. 완전 최고예요!"

어느덧 최후의 2인이 남았다. 이제 부담과 책임감까지 긴장의 무게를 더했다. 공깃돌을 떨어뜨리지 않는 것만이 살길이었다. 자신의 한계에 도전하며 감정을 통제해야 했다. 평온하게 경기를 이어가는 두 승자의 모습을 친구들은 경이로운 눈빛으로 바라보았다. 승패를 떠나 자신과 싸우고 있는 이 순간이 인생을 단단하게 다지는 디딤돌이 되지 않을까?

올해도 공기 대회는 대성공이었다. 각본 없는 드라마가 만들어졌다. 포기하지 않고 두려움을 극복함으로써 아이들은 멋진 드라마의 주인공이 되었다. 그리고 드라마를 한층 감동적으로 만든 건 주인공들이 서로에게 힘을 주는 높임말 대사였다. 격려하고 응원하고 칭찬하는 감동의 드라마. 우리 반 25명 모두가 남우 주연상, 여우 주연상, 대상 수상자였다.

당일 컨디션에 따라 1차 탈락자가 되거나 결승전 진출자나 최종 우승자가 될 수도 있다. 패자 부활 선수가 되거나 응원단이 될 수도 있다. 어떤 역할을 맡더라도 그 순간 최선을 다하고 즐긴다. 조연도 엑스트라도 없다. 진심으로 환호하고, 진짜 눈물을 흘리며 모두가 주인공이 된다. 응원, 칭찬, 격려, 축하의 대사를 애드리브로 완벽하게 구사한다. 아이들은 공기 대회 하루를 위해 두 달 동안 몰입하여 공기를 연습했고, 그만큼 공기 대회 참여에 진심이기 때문이다.

어린이날 기념으로 공기를 선물하는 날부터 공기 대회 하는 7월까지 두 달 동안 아이들에게 이야기한다.

"공기처럼 정직한 건 없습니다. 연습한 만큼 실력이 나와요. 절대 거짓말하는 법이 없지요. 무슨 일이든 내가 할 줄 알아야 즐길 수 있습니다. 선생님은 여러분이 열심히 공기 연습해서 공기 대회를 진심으로 즐겼으면 좋겠어요."

두뇌 계발, 소근육 발달, 순발력과 상황 판단력 향상 등 공기의 장점은 많다. 그러나 아이들이 제일 느꼈으면 하는 것은 바로 '성취감'이다. 공부를 잘하지 않아도, 운동이 서툴러도 노력하면 할 수 있는 일이 있다는 걸 알게 하고 싶었다. 딱 한 번이라도 느꼈으면 했다. 성취감을 느껴본 사람만이 다른 일도 잘하고자 힘을 낼 수 있는 법이다.

아이들은 정말 열심히 연습했다. 쉬는 시간과 점심시간

에 손에서 공기를 내려놓지 않았다. 하교할 때는 책상 위에 공기를 올려두고 갔다. 다음날 등교하자마자 손에 쥐기 위해서였다. 서로 공기 방법을 알려주고 배우며 실력을 쌓아갔다.

　　손가락 소근육 발달이 덜 되었거나 공기를 처음 접해서 어려워하는 아이들이 있었다. 성취감을 느끼게 하고 싶은 마음을 전달하며, 가정에 도움을 요청했다. 학부모님들은 아이들에게 꼭 공기 연습을 시키겠다는 약속을 성실히 지켜셨다. 어떤 어머님은 자기가 공기를 할 줄 모른다고 고백하시며, 먼저 본인이 연습한 뒤 아이를 가르치겠다고 하셨다. 가정에서 배운 기술을 학교에서 친구들과 연습하며 적용하자 공기 실력이 쑥쑥 늘었다. 할 수 있게 되니, 자꾸 하고 싶어 했다.

　　공기 열기는 학급에서 가정으로도 번져갔다. 아이를 연습시키다가 오랜만에 공기의 재미에 빠져 부모님이 더 열심히 한다는 소식이 들렸다. 공기가 가족 놀이로 자리 잡은 경우도 있었고, 부모님과 조부모님 몫의 공기를 따로 구매한 가정도 있었다.

　　아이들에게 성취감을 느끼게 하고 싶은 담임의 소원은 이루어졌다. 원래 공기를 잘하던 고수는 고수대로, 처음 접한 왕초보는 초보대로, 각자 자신의 연습 과정에서 성취의 의미를 발견했다. 한 번도 주목받은 적 없던 아이가 친구들의 응원을 받아 패자부활전을 통과해 결승에 오르는 기쁨을 맛보았다. 전과목 학습이 어려운 아이가 공기 대회에서는 최후의 3인에 들기도 했다.

긴 시간 한 가지를 꾸준히 할 수 있는 몰입감, 노력으로 해냈다는 성취감, 나도 할 수 있는 사람이라는 자신감, 내가 만든 결과를 받아들이고 인정하는 마음. 아이들이 살면서 딱 한 번이라도 제대로 느꼈으면 한 것들이다. 내 소원대로 아이들은 공기 대회를 통해 이것들을 얻었다. 앞으로 아이들이 사는 데 도움이 되고 더 크게 발휘될 감정들이다.

아이들이 느낀 성취감만큼 교사도 이런 순간에 보람을 느낀다. 이 맛에 선생 한다. 사비로 공기 대회 상품을 아무리 사도 아깝지 않다.

온라인 게임에만 빠져 있는 우리 아이들이 과연 전통 놀이에 관심을 가지고 재미있게 할지 의문을 가질 수도 있다. 그런데 어린이날 선물로 공깃돌이나 실뜨기용 실을 주면 아이들이 그렇게 신기해하고 좋아할 수 없다.

오늘 부모의 공기 실력을 자녀에게 보여주는 건 어떨까? 엄마 아빠가 그런 것도 할 줄 아는 사람이었냐며 자녀는 깜짝 놀랄 것이다. 자기도 해보겠다고 달려들어 공깃돌을 낚아챌 수도 있다. 가족이 각자의 스마트폰에 빠져 있는 시간을 할애하여 공기놀이 시간을 가져보라. 가족 공기 대회 날짜를 정하고, 일정 기간 연습의 과정을 느껴보라. 성취감에 환호하는 내 아이와 성장의 기쁨을 함께할 수 있을 것이다.

급식실에서 일어난
'사랑합니다' 챌린지

 교사가 검지를 세워 '1'을 나타낸다. 학생들이 차렷하며 선생님을 바라본다. 손가락 세 개로 '3'을 표시한다. 학생들이 배꼽 손을 한다. 교사의 '4' 표시에 일제히 큰 소리로 외친다.
 "선생님 사랑합니다."
 교사도 공수하고 화답한다.
 "우리 반 사랑합니다."
 우리 학급의 하교 시간 풍경이다. 아침 등교 인사는 '가위바위보', 하교 인사는 '선생님 사랑합니다'이다. 3월 첫날 하교 시간 인사법을 알려주자 아이들은 부끄러워했다. 처음 만난 선생님에게 사랑한다고 외치라니 몹시 황당했을 것이다.

"우리는 1년 동안 사랑하는 사이가 되어야 합니다. 사랑하는 연인들은 서로의 좋은 모습만 보지요. 단점도 예쁘게 보입니다. 우리도 사랑에 빠져야 합니다. 그래야 서로 좋은 점만 바라보며 행복한 1년을 만들 수 있습니다.

선생님은 '말대로 된다'라는 말을 믿습니다. 내가 말하는 대로 원하는 대로 이루어집니다. 여러분과 선생님이 오늘부터 사랑한다고 이야기하면 우리는 정말 사랑하는 사이가 됩니다. 오늘부터 우리는 1일입니다."

아이들은 내가 뭔 소리를 하는 것인지, 그때는 분명 이해하지 못했을 것이다. 담임이 하라고 하니 그것이 규칙인가 보다 의무감에 선생님을 사랑한다고 인사했다. 큰 소리로 하지 않으면 집에 못 간다고 하니 어쩔 수 없이 크게 외쳤다. 그리고 자기들을 사랑한다는 담임의 고백도 매일 들었다.

며칠이 채 지나기도 전에 깨달았다. 우리는 정말 사랑하는 사이가 되었다. 사랑에 빠진 연인들처럼 서로 장점만 바라보려고 애썼고, 발견하는 즉시 칭찬했다. 부끄러워하던 모습은 어디 가고 학교가 떠내려갈 듯이 '선생님 사랑합니다'를 외쳤다. 하교 시간뿐 아니라 틈날 때마다 사랑을 고백하며 애정 표현을 아끼지 않았다.

4학년을 맡았던 해, 수요일은 4교시 수업만 하고 급식을 먹은 뒤 일찍 하교하는 날이었다. 급식실에서 밥을 다 먹은 우리 반 아이들은 차례로 나에게 다가왔다.

"선생님, 사랑합니다."

인사를 했다. 그리고 각자 교실로 올라가 가방을 챙겨 하교했다. 급식실에 내려오기 전 교실에서 하교 인사를 했건만 아이들은 또 사랑 인사를 했다. 처음엔 한두 명이 시작했지만, 곧 반 전체로 퍼졌다. 수요일 하교 인사는 교실에서 단체로 한 번, 급식실에서 개인적으로 또 한 번 하는 것이 우리 반 루틴이 되었다.

급식실에서 밥 먹는 담임에게 다가와 사랑 고백을 하는 우리 반 아이들의 모습은 진풍경이 되었다. 다른 학급 친구들과 선생님들의 신기해하는 시선에 창피할 법도 한데, 우리 아이들의 목소리는 점점 커져만 갔다. 밥 먹으면서도 공공연히 아이들로부터 사랑받는 교사가 된 나는 너무 행복했다. 어깨가 으쓱했다. 역시 큰 소리로 한 명 한 명에게 인사할 수밖에 없었다.

"○○ 씨, 선생님도 사랑합니다. 조심해서 가세요. 내일 만나요."

수요일마다 두 번씩 사랑 인사하던 귀여운 아이들과 헤어진 다음 해, 성숙하게 사랑스러운 6학년을 맡았다. 점심시간 급식실 앞에서 줄을 섰는데, 반대편에 작년 제자들이 보였다. 5학년이 된 아이들은 나를 발견하자마자, 팔이 떨어질 듯 흔들며 반가움을 표현했다. 전 담임을 저리 반가워해 주다니 정말 고마웠다.

5학년 자리에서 밥을 다 먹은 작년 우리 반 애정 씨가 식판을 들고 일어섰다. 퇴식구로 가려다가 방향을 바꾸어 나에게 다가왔다.

"선생님 사랑합니다."

"오, 세상에! 선생님에게 인사하려고 일부러 온 거예요?"

"네. 선생님 맛있게 드세요."

밥을 안 먹어도 배가 불렀다. 작년 담임에게 일부러 찾아와 사랑 인사를 해주는 애정 씨 덕분에 온몸이 감동으로 가득 찼다.

애정 씨가 다녀간 다음 추억 씨가 인사하러 왔다. 추억 씨 다음으로 그리움 씨가 사랑한다고 했다. 작년 우리 반 아이들이 줄줄이 와서 '선생님 사랑합니다' 인사를 하고 갔다. 사랑 인사는 매일 급식 시간마다 이어졌다.

어느 날 나와 가까이 앉아 점심을 먹던 그해 5학년 담임 선생님 한 분이 궁금해했다.

"이상해요. 저 아이들이 현재 담임한테는 인사를 열심히 하지 않거든요. 라포 형성이 덜 되었나 봐요. 왜 선생님에게는 저렇게 인사를 잘해요? 작년에 뭘 어떻게 하셨어요?"

"글쎄요. 작년에 뭘 어떻게 했을까요?"

의문형으로 대답하고 웃으며 넘어갔지만 속으론 큰 소리로 이야기하고 있었다.

'선생님, 작년에 우리는 사랑했습니다. 매일 매일 서로를 사랑한다고 외쳤지요. 그랬더니 정말 많이 사랑하는 사이가 되었습니다. 1년 내내 사랑했습니다.'

점심시간 사랑 인사는 여기서 끝나지 않았다. 이번엔 6학년 우리 반 아이들이 나에게 왔다. 우리의 사랑 고백은 6교시 마치고 집에 가기 전 교실에서 하면 될 터였다. 그런데 굳이 급식실에서도 했다. 우리 반만 주고받는 줄 알았던 사랑 고백을 5학년 동생들도 하니 자극이라도 받은 것일까?

이유가 중요하겠는가? 사랑한다는 말은 많이 할수록 좋은 것을. 우리가 사랑하는 사이라는 사실만이 중요한 것을. 점심시간 밥 먹다 말고 수십 명의 사랑 고백을 받는 교사가 이 땅에 또 있을까? 높임말 쓰는 특이한 학급의 담임은 사랑을 반찬으로 삼아 밥 안 먹어도 배부른, 급식실에서 가장 행복한 교사였다.

2학기 중반이 되었다. 작년 제자들과 올해 우리 반 아이들이 사랑 인사를 할 때마다 옆 반 학생 한 명이 힐끗힐끗 돌아보았다. 내가 식판을 들고 일어설 무렵이면, 그는 머뭇머뭇했다. 며칠이 지났을까? 그 친구가 조심스럽게 나를 불렀다.
"선~생~님."
"네. 왜요? 무슨 일 있어요?"
그는 더듬더듬 말했다.
"사~사랑~사랑합니다."
정말 감격스러웠다. 우리 반 아이들이 하는 사랑 인사가 좋아 보였나 보다. 그리고 도전해보고 싶었나 보다. 생각지도 못했던 옆 반 6학년 남학생의 사랑 고백은 정말 짜릿했다.

옆 반 학생은 며칠 동안 사랑 인사를 계속하더니 자신감이 생겼다. 옆에서 밥 먹던 친구에게도 사랑 인사를 권했다. '옆 반 선생님에게 사랑 인사하기'가 챌린지처럼 되었다. 옆 반 아이들은 내가 복도를 지날 때마다 '선생님 사랑합니다' 하고 인사를 했다. 어느 날은 점심시간에 내가 밥 먹고 올라오기를 기다렸다가 단체로 외쳤다.

하루는 급식실에서 밥을 다 먹고 일어나던 다른 학년 선생님 한 분과 눈이 마주쳤다. 그녀는 개구쟁이 같은 함박웃음을 지으며 내게 인사했다.

"선생님 사랑합니다."

평소 급식실에서 아이들이 내게 사랑 인사하는 것을 신기하게 보던 선생님이었다.

예쁜 말은 강요하지 않아도 자연스럽게 퍼진다. 열심히 사랑한다는 말을 외치던 우리 학급 아이들, 사랑 고백에 도전한 옆 반 친구들, 그 모습을 지켜보던 선생님들까지. 우리는 사랑하는 사이가 되었다.

말에는 위대한 힘이 있다. 사랑한다는 말은 없던 사랑을 만들고, 지난 사랑까지 표현하게 했다. 사랑한다는 말의 힘을 믿어보지 않겠는가? 오늘부터 옆에 있는 가족과 자녀, 친구와 동료에게 사랑을 고백하며 1일을 선언해보는 건 어떨까?

나의 악함을 말해주는 사람은 곧 나의 스승이다

"선생님, 제가 방금 명심보감에서 읽었는데요."

아침 독서 시간, 정적을 깨는 이가 있었다. 깨달음 씨였다. 독서 시간에는 책만 읽을 뿐 소리가 나지 않는다. 모두 깜짝 놀라 깨달음 씨에게 시선을 집중했다.

우리 반 아침 루틴은 독서이다. 매일 아침 책을 읽고, 책 제목과 쪽수, 독서 시간을 '독서 달력'에 기록한다. 매월 마지막 날에는 그달의 총 독서 시간을 계산하고 스스로 독서 생활을 반성한다. 차곡차곡 쌓인 책 읽기 경험과 기록은 학년 말이 되면 엄청난 독서력으로 탄생해 아이들의 귀한 재산이 된다.

깨달음 씨의 깜짝 발언이 있던 날도 어김없이 아침에 등교하자마자 온책 읽기(한 학기 동안 한 권의 책을 통째로 읽고, 책에 대한 이야기를 나누는 활동) 선정 도서나 각자 읽고 싶은 책을 읽었다. 마침 금요일이라 독서 달력에 이번 주 읽은 책에서 인상 깊은 구절을 적으려던 참이었다.

"나의 착함을 말해주는 사람은 곧 나의 적이요."

깨달음 씨가 큰 소리로 말했다.

"착한 것을 말해주는 데 적이라고요?"

나도 아이들도 의아한 표정이었다. 깨달음 씨가 더 큰 목소리로 이어지는 문장을 말했다.

"나의 악함을 말해 주는 사람은 곧 나의 스승이다."

깨달음 씨는 설명을 이어갔다.

"『읽으면서 바로 써먹는 어린이 명심보감(한날, 파란정원, 2000)』에서 방금 읽은 거예요. '착하고 좋은 것은 누구나 쉽게 말해줄 수 있지만, 나의 잘못이나 악함을 말해주는 것은 진심으로 나를 아끼는 사람이에요'라고 되어 있어요."

"깨달음 씨, 왜 갑자기 명심보감 내용을 소개하는 거예요?"

"우리 반 상황과 똑같아서요. 책에서 나의 잘못을 말해주는 사람이 진심으로 나를 아끼는 사람이라고 했어요. 지금 우리의 부족함을 지적하는 우리 선생님이 참 스승이라고 말하고 싶었어요."

왜 그가 갑자기 명심보감 문장을 소리 내어 말하는지 이제 모두 깨달았다.

나도 아침 독서 시간에 책을 읽고 싶은 마음이 굴뚝같다. 하지만 아이들이 책을 읽는 동안 담임이 해야 할 일이 너무 많다. 공문을 처리하고 수업을 준비하고 오늘 일정을 계획하다 보면 책은 손에 잡아보지도 못한다. 깨달음 씨가 명심보감을 읊던 날도 나는 아침부터 배움 공책 검사, 오답 공책 검사, 재시험을 위한 단원 평가지 작성에 정신이 하나도 없었다.

수학과 사회 단원 평가 결과가 좋지 않았다. 재시험을 여러 번 보았지만, 아이들이 공부하지 않은 것이 여실히 결과로 드러났다. 공부의 왕도는 오로지 꾸준함과 반복이다. '언젠가는 이해하겠지, 계산할 수 있겠지, 외워지겠지' 하며 끊임없이 반복 지도했다. 가정에도 자녀의 학습에 좀 더 관심을 가져달라고 부탁했다. 그러나 크게 달라지지 않는 아이들의 시험 결과에 마음이 답답해지고 조급해졌다. 배운 내용 복습하기, 문제 제대로 읽기, 풀이 과정 정확히 서술하기, 글씨 바르게 쓰기 등 나의 잔소리가 며칠째 이어졌다.

"통과할 때까지 재시험 볼 것입니다. 그냥 대충 넘어갈 생각하지 말고 진심으로 나 자신을 위해 공부하세요."

내가 끝내면 될 일이었다. 재시험 안 보고 오답 공책 검사 안 하면 된다. 평가 계획에 있는 기본적인 수행 평가만 실시하고, 단원 평가 자체를 안 보면 그만이었다. 그러면 아이들도 편하고, 모든 걸 준비하고 점검해야 하는 나는 더 편할 것이다. 그런데 포기가 안 되었다. 코로나라는 태풍이 지나간 자리, 몇 년째 학습 부진이 누적된 아이들의 뻥 뚫린 기본 지식과 자신감의 구멍을 메워주고 싶었다.

'반복하니 나도 할 수 있구나. 공부도 계속하면 되는 일이었구나.'

공부에 대한 자신감을 느끼게 해주고 싶었다.

깨달음 씨는 책을 읽다가 지금 우리 학급 상황과 딱 맞는 문장을 발견하고 매우 반가웠던 것이다. 담임 잔소리의 의미를 명심보감 문장에서 찾아 당위성을 부여해준 깨달음 씨가 고마웠다.

"깨달음 씨, 명심보감에서 선생님의 마음을 찾아주다니 정말 감동입니다. 선생님이 왜 여러분의 잘못을 지적하고, 다시 하라고 하고, 공부하라고 하는지 이해해주어서 정말 고마워요."

깨달음 씨가 어린이 명심보감 책을 높이 치켜들며 뿌듯

해했다. 몇몇 친구들이 고개를 끄덕였다. 번쩍 커진 눈을 끔뻑끔뻑하는 아이들이 있었으니, 오늘도 재시험을 봐야 하는 잔소리의 주인공들이었다. 나는 그들 한 명 한 명과 눈을 맞추며 힘주어 말했다.

"여러분, 보세요. 명심보감에도 나와 있다잖아요. 나의 악함을 말해주는 사람은 곧 나의 스승이라고. 앞으로도 선생님은 여러분의 참 스승이 되겠습니다. 틀린 문제 정확하게 다시 공부해서 오늘 재시험은 꼭 통과하길 바랍니다."

사실 아이들 모두 알고 있었다. 담임이 바라는 것은 오직 하나, 자신들의 성장뿐임을.

말을 예쁘게 하며 생각이 커져서일까? 아이들은 무슨 활동이든 적극적으로 참여했다. 수업도 너무 재미있다고 했다. 수업 시간마다 배움 공책에 중요한 학습 내용을 정리하며 핵심을 요약하고 이해력을 키웠다. 수업에 능동적으로 참여하면서 자연스럽게 자기 주도적인 학습 능력도 함께 자라났다. 평가를 거듭할수록 자신의 부족한 면을 인정하고 공부의 필요성을 느꼈다. 각자의 방법으로 열심히 공부했다. 매번 평가지를 받아본 학부모님들은 자녀의 학업 수준을 정확히 파악하고, 학습에 좀 더 관심을 기울이셨다. 학습 성장은 자연스럽게 따라왔다.

    교과 보충이 필요한 경우 부모님 동의하에 방과 후에 남아서 공부하기도 했다. 대부분 담임의 권유로 억지로 시작했지만, 하다 보니 아이들 스스로 실력 향상을 느끼고 열심히 참여했다. 아이들끼리 알려주고 배우는 사이가 되어 학습의 속도를 높였다. 발전하는 친구들을 보고 자기도 남아서 공부하겠다고 자진하는 학생들도 생겼다.

    누구보다 성실 씨도 방과 후에 남아서 공부했다. 세 자녀를 키우며 일까지 하시는 어머님께서 그동안 자녀의 학업에 신경을 많이 못 썼다고 하셨다. 학원도 다니지 않았다. 누구보다 성실 씨는 학습 능력은 조금 부족했지만 성실성만큼은 최고였다. 부족한 면을 짚어주고 보충하니 성실을 무기로 실력이 빠르게 향상되었다. 부쩍 점수가 높아진 아들의 평가지를 확인하신 어머님께서 말씀하셨다.

    "학원을 보내야 하나 걱정이었는데, 공교육만으로 이렇게 실력이 향상될 거라고는 상상도 못 했어요. 감사해요, 선생님."

    누구보다 성실 씨의 성적이 오른 건 공교육이냐 사교육이냐의 문제가 아니다. 그에게는 부족함을 알려주고 채워야 하는 필요성을 일깨워주는 누군가가 필요했을 뿐이다. 인식한 후에는 누구보다 성실 씨 혼자 해냈다. 때론 나의 쓴소리에 의기소침해하고 눈물을 글썽이기도 했다. 하지만 그는 위기를 기회로 삼았다. 어려운 상황을 극복하고 발전으로 승화시켰다.

    5학년이던 누구보다 성실 씨는 6학년이 되어서도 성실하게 학교생활을 했다. 오가면서 복도에서 마주칠 때마다 달려와서 씩씩하게 인사하는 모습으로 알 수 있었다. 그는 초등 생활을 무사히 마치고 졸업했다. 졸업식 다음 날 예고 없이 찾아온 감격스러운 문자를 받고 나는 눈물을 펑펑 쏟고 말았다. 누구보다 성실 씨 어머님의 문자였다.

> "5학년 때 배움이 밑거름되어 누구보다 성실이가 6학년 때 부회장도 되어보고 장학생도 되어 졸업하였습니다. 모두가 잘 가르쳐주신 선생님 덕분입니다. 꼭 한번은 뵙고 인사드리고 싶었는데, 그러지 못해서 글이라도 남깁니다. 누구보다 성실이와 저에게 평생 기억에 남을 김희영 선생님. 정말 감사합니다."

    5학년 때 익힌 배움에 대한 좋은 습관 유지하며 더욱 발전한 누구보다 성실 씨, 아들의 노력과 어머님의 정성으로 만들어진 성장의 공을 작년 담임에게 돌리시는 어머님. 너무 감사했다. 어머님께 답장을 쓰는데 흐르는 눈물을 주체할 수가 없었다.

나는 우리 반 아이들에게 칭찬도 많이 하지만 잔소리도 설교도 많이 한다. 1년 동안은 내 자식인 이 아이들을 어떻게든 성장시켜보리라. 학교에서 엄마인 내가 알려주지 않으면 누가 알려주랴. 부족한 점을 콕콕 집어 말한다. 악인을 자처한다. 일침을 맞는 순간 아이들은 따갑고 아프다. 하지만 그동안 아무도 알려주지 않아서 모르고 있었던 걸 인식하는 순간 아이들은 달라진다. 그리고 변화의 힘을 곳곳에 적용하며 스스로 빛을 낸다.

나의 가르침이 해가 바뀌어도 제자들에게 영향을 줄 수 있어 행복하다. 나의 말 한마디가 제자들에게 오래 남아 삶의 여정에 이정표가 될 수 있다면 더 바랄 것이 없겠다.

'나의 악함을 말해주는 사람은 곧 나의 스승이다.'

앞으로도 나는 아이들을 칭찬 풍선에 태워 둥실둥실 띄워주는 칭찬쟁이 담임을 계속할 것이다. 동시에 아이들에게 부족함과 악함을 알려주는 쓴소리 대마왕의 역할도 더 열심히 할 것이다.

이벤트 하는 아이들

    금요일 아침이라 교통 체증이 없으리라 생각했다. 출근길 정체를 각오하고 집에서 일찍 출발해야 하는 월요일과 달리, 금요일 출근길은 마음이 가벼웠다. 금요일 자체의 설렘도 있지만, 실제로 다른 요일보다 한결 한산한 도로에서 힘 빼고 가볍게 운전할 수 있었다.

    그해 5월 금요일은 달랐다. 길이 꽉 막혔는지 도무지 차가 움직이지 않았다. 내비게이션의 예상 도착 시간이 줄기는커녕 갈수록 늘어났다. 이러다 지각하겠다. 입술이 바짝바짝 말랐다.

학교까지 절반쯤 왔을 때 교통 체증의 원인을 알게 되었다. 앞에서 대형 사고가 났던 모양이다. 사고 현장을 요리조리 겨우 빠져나왔지만, 빛의 속도로 달린다 해도 지각 확정이었다. 땀이 삐질삐질 났다. 일찍 등교하는 아이들이 교실에 입실할 시간이 되었다. 학년 선생님들에게 우리 교실 문을 열어주십사 문자를 보냈다.

　　뚫린 도로 위를 어떻게 운전했는지 모르겠다. 카레이서의 마음으로 학교를 향해 돌진했다. 금요일에 1시간이면 올 수 있는 학교를 1시간 40분 만에 도착했다. 온몸이 땀이었다. 마치 결승선에 도착한 마라토너처럼. 이번엔 교실을 향해 돌진했다. 단거리 달리기 올림픽 국가 대표 선수인 양.

　　교실 앞에 당도했다. 복도도 조용하고 교실 안에서 흘러나오는 소리도 없었다. 아침 독서가 습관으로 정착되었다. 우리 반 아이들은 내가 없어도 조용히 책을 읽으며 루틴을 실천하는 듯했다. 아이들이 교실 문을 열었을 때 여유 있게 웃으며 우아하게 가위바위보 아침 인사를 건네는 담임의 모습만 보이고 싶었다. 그날은 목표 실패였다. 카레이서였다가 마라토너였다가 단거리 달리기 국가대표였던 나의 몰골은 말이 아니었다. 머리를 매만지고 옷매무새를 가다듬고 심호흡 한 번 하고 교실 문을 열었다.

"선생님, 감사합니다! 사랑합니다!"

이게 무슨 일인가?

"선생님이 우리 선생님이라 너무 좋아요"

아이들이 머리 위로 하트를 만들며 이구동성으로 외쳤다. 칠판에는 멋진 메시지가 담긴 현수막이 붙어 있었다.

'우리 김희영 선생님이 최고예요. 선생님 덕분에 초등학교 마지막을 행복하게 보냅니다. 진심으로 존경하고 감사합니다.'

"이게 다 뭐예요?"

"스승의 날 기념 이벤트예요."

눈물이 핑 돌았다. 우아하지 않으면 어떠하랴. 망가지면 어떠하랴. 밀려오는 감동을 주체할 수 없는 것을. 하염없이 눈물이 쏟아졌다. 감격스러움을 표현할 적절한 말을 찾기 힘들었다.

다가오는 주말이 스승의 날이었다. 과거에 비해 이제는 전혀 특별하지 않은 5월 15일 스승의 날. 스승도 인지하지 못한 스승의 날을 위해 아이들이 이벤트를 준비한 것이었다.

'아! 이러려고 오늘 지각했구나. 아이들의 이벤트 준비 시간을 확보해주려는 하늘의 전략이었구나. 흔하지 않은 금

요일 출근길 정체, 우연히 만난 것이 아니었구나.'

　세상이라는 무대 위 주인공은 아이들의 사랑을 한몸에 받는 담임, 바로 나인 듯했다. 스포트라이트가 온통 나를 향해 비추는 것 같았고, 교통 체증마저 감동을 더하려는 하늘의 연출처럼 느껴졌다.

　다른 학급에 비해 우리 반은 이벤트가 많았다. 일단 어린이날, 크리스마스에는 내가 준비한 이벤트가 있었다. 아이들 역시 특별한 날에 특별한 감정을 나타내고 싶어 했다. 달력에 표시된 날이 아니더라도 의미를 부여하여 우리 학급만의 이벤트를 열었다. 스승의 날 이벤트가 대표적이었다. 여름 방학 전날은 방학을 기념하며, 종업식 전에는 이별을 아쉬워하며 깜짝 파티를 준비했다. 어떻게 알았는지 심지어 내 생일 파티까지 해주었다.

　칠판 가득 나에게 보내는 메시지를 써놓기도 하고, 학급 전체가 롤링 페이퍼 보드를 만들어 선물하기도 했다. 인간 하트를 만들어 교실을 가득 채워 앉아 있기도 하고, 한 글자씩 글자판을 들고 사랑의 메시지를 전달하기도 했다. 편지를 종이비행기에 담아 날리는 날도 있었다. 의미를 담아 기념 이벤트를 하자고 제안하는 아이들이 꼭 있었다. 맞장구치며 이벤트를 기획하고 준비를 총괄하는 아이도 항상 존재했다. 더 신기한 것은 그 의견에 대찬성한 나머지 아이들이었다. 모두 마음을 모아 학급이 하나가 되었다.

어느 한 해만 이벤트를 좋아하는 아이들을 만난 것이 아니었다. 해마다 만난 아이들이 그랬다. 다른 학급과 비교하여 확실히 우리 반 아이들은 감성적이고 감정 표현을 잘했다. 학교를 옮겨도 마찬가지였다. 매년 운이 좋았던 걸까?

절대 그럴 리 없다. 감성적인 아이들이 어느 한 학급에 몰릴 가능성은 희박하다. 정말 우연히 그런 아이들이 많이 모였다 하더라도, 그 학급의 담임이 매번 내가 된다는 것은 말이 안 된다.

나는 결코 특별한 아이들을 선택하는 마법의 손을 가지지 않았다. 하지만 평범한 아이들을 특별하게 만드는 마법이 무엇인지 확실히 안다. 바로 아이들의 고운 마음을 담을 수 있는 그릇, 높임말이었다.

학급 아이들은 담임을 닮아간다. 1년 중 190일 남짓 하루 중 4분의 1이 넘는 시간을 담임과 생활하니 영향을 받을 수밖에 없다. 밝은 성격을 가진 선생님의 학급은 아이들도 활달하고 통통 튄다. 차분한 선생님의 학급 아이들은 조용하다.

내가 긴 치마를 입은 다음 날이면 여자아이들이 긴 치마를 입고 오고, 커다란 귀걸이를 한 다음 날은 몇몇 아이들이 귀걸이를 하고 온다. 특정한 표정과 말투와 옷차림을 한 사람이 온종일 눈앞에 있는데, 아이들이 영향받는 건 당연하다. 교사로서 아이들 앞에서 항상 몸가짐과 마음가짐을 잘해야 하는 이유이다.

어떤 담임을 만나느냐에 따라 아이들의 1년이 결정된다. 그래서 부모들은 내 아이가 좋은 선생님을 만나기를 바라며, 새 학년 담임이 누구일지 촉각을 곤두세운다. 일생 중 딱 1년 함께 생활하는 담임도 닮아가는 아이들이다. 그렇다면 가정에서 아이들에게 미칠 부모의 영향력은 어떠할까? 태어나면서부터 지금까지 아이들은 부모를 얼마나 닮았을까? 앞으로도 수많은 시간을 함께하며 얼마나 더 닮아갈까? 내 아이의 담임이 어떤 사람인지 궁금해하는 만큼, 아이에게 비추어질 부모의 모습도 신경 쓰고 있는가? 지금도 아이들은 부모의 말과 행동은 물론 미세한 표정과 작은 손짓도 닮아가고 있다.

말 없는 위로,
여기가 천국이구나

 8개 학급의 학년 부장을 맡은 해였다. 부장의 역할은 해도 해도 끝이 없었다. 다행히 학년 선생님들의 도움과 협조 덕분에 계획한 학년 행사는 무사히 진행되었으나, 단 하루도 바람 잘 날이 없었다. 하루가 멀다 하고 예상치 못한 각종 사건 사고가 빵빵 터졌다. 학급 수가 많다 보니 불가피한 일이었다.
 교실에서 난동을 부리는 다른 학급 친구를 제지하러 뛰어갔으며, 수업 시간에 사라진 학생을 찾으러 달려나간 담임 선생님을 대신해 그 학급 학생들을 관리했다. 학년 전체의 질서와 안전을 위해 쉬는 시간과 점심시간에는 복도를 살폈다.

학년의 무사 무탈만을 기원하며 하루하루 버텼다. 각 학급을 향한 8개의 더듬이가 항상 팽팽하게 추켜세워져 머리 위를 짓눌렀다.

학년 부장으로서 특히 힘든 순간은 다른 반에서 문제가 발생했다는 소식을 수업 시간에 듣게 될 때였다. 우리 반 수업을 핑계로 문제 해결을 미룰 수 없는 매우 급한 상황. 수업하다 말고 다른 학급으로 뛰어가는 일이 여러 번 있었다.

"선생님, 우리 반 큰일 났어요. 빨리 와주세요."

음악 시간에 리코더를 연주하고 있었다. 다른 반 친구 두세 명이 다급하게 우리 교실 문을 열었다. 아이들 얼굴이 사색이었다. 일단 그 교실로 가야 했다.

"선생님, 다녀올게요. 각자 리코더 연습하고 있어요."

우리 반 아이들에게 한마디 남기고 교실을 나섰다. 종종 있는 일이라 그런지 아이들은 이유를 묻지도 않았다.

"네, 선생님. 다녀오세요."

큰일 났다던 교실은 아수라장이었다. 두 친구의 사소한 장난이 큰 싸움으로 번졌다고 했다. 둘 다 감정 통제 능력을 완전히 잃고 잡아먹을 듯이 싸웠다. 소리 지르며 화내는 아이들, 말리는 아이들, 공포에 질려서 울고 있는 아이들. 한참 동안 이어진 싸움이 아무리 말려도 끝날 기미를 보이지 않자, 그 학급 선생님은 결국 나에게 도움을 요청했다. 거의 넋이 나간 선생님은 그 와중에 미안해하셨다. 수업 시간에 연락하지 않으려고 했는데 어쩔 수 없었다고.

다행히 부장 선생님의 등장으로 싸우던 두 사람은 살짝 힘을 뺐다. 긴 시간 과한 에너지를 썼으니 그들도 지친 데다가, 학급 구성원이 아닌 외부 사람의 등장이 분위기 전환으로 작용한 덕분이었다. 서로 달라 붙어서 치고받는 동작을 멈춘 순간을 이용하여 두 사람을 갈라놓았다. 여전히 화가 풀리지 않아 씩씩거리는 아이들을 달랬다. 선생님을 진정시키고, 다른 아이들을 자리에 앉힌 뒤 교실을 정리했다. 학급 문제를 해결하려고 노력한 아이들을 칭찬하고, 서로 이해하는 학급 분위기에 대해 당부도 했다.

우리 교실로 가기 위해 계단을 내려오는데 다리에 힘이 풀려 후들거렸다. 온몸이 땀이었다. 학년 부장으로서 잔뜩 긴장했다는 것을 그제야 깨달았다.

시간이 얼마나 지난 것일까? 음악 시간은 이미 끝난 지 오래였다. 쉬는 시간도 지나고 다음 수업이 시작된 지도 한참 되었다. 우리 반 아이들은 어떻게 하고 있을까? 학년 부장의 학급이라는 이유로 갑작스럽게 담임의 부재를 겪게 해서 아이들에게 미안했다.

    힘이 하나도 없었다. 몸 깊숙한 곳 아무도 모르게 저장되어 있던 에너지 한 방울까지 다 빠져나간 기분이었다. 아무 일 없었던 것처럼 수업해야겠지? 우리 반 아이들 앞에서는 태연하게 웃어주어야겠지? 이번 시간이 무슨 과목 수업이더라? 우리 교실 문을 열었다.

    숨소리도 들리지 않았다. 리코더는 싹 정리되어 음악 시간의 흔적은 없었다. 아이들은 모두 이번 시간 교과서를 책상 위에 준비한 채 바르게 앉아서 각자 뭔가를 하고 있었다. 그림을 그리기도 하고, 배움 공책을 정리하기도 하고, 책을 읽는 아이들도 있었다. 자리에서 일어나거나 떠드는 사람은 단 한 명도 없었다. 아이들은 문을 열고 들어온 담임을 일제히 쳐다보고 활짝 웃어주었다. 우리는 잘 있었다는 듯. 이제 안심하라는 듯.

    '아! 여기가 천국이구나. 너희가 나를 살리는구나.'

    내가 있어야 할 곳은 바로 여기였다. 학교가 내 직장이라는 것이, 교실이 내 사무실이라는 것이 감사했다. 이 아이들이 천사였다. 나를 살게 하는 힘이자 나를 여기 천국에 존재하게 하는 이유. 이 아이들이 나의 아이들이라는 것이 감사했다. 너무 감사해서 눈물이 흘렀다.

아이들은 학년 초부터 담임이 학년 부장인 것을 알고 자랑스러워했다. 다른 선생님이 우리 선생님을 '부장님'이라고 부른다며 뿌듯해했다. 담임이 부장이어서 자기들이 얻은 것이라곤 학년 행사 준비와 뒷정리의 번거로움, 그리고 다른 학급 일로 인한 교사의 부재밖에 없었는데도 말이다.

아이들은 여러 번의 경험을 통해 이미 잘 알고 있었다. 선생님이 다른 반 일로 나갔다 오면 힘이 든다는 것을. 학년 부장인 담임을 위해 할 수 있는 일은 조용히 각자 할 일을 하면서 학급의 질서를 유지하는 것임을. 학년 일로 힘이 빠져 돌아왔을 때 우리 교실까지 난장판이었다면 어떠했을까? 나의 정신력이 버틸 수 있었을까? 생각만 해도 아찔하다.

때론 침묵이 큰 위로가 된다. 힘들었던 그해 나를 살린 건 말 없는 위로를 건네던 나의 천사들이었다. 그들이 형성한 천국만이 바람 잘 날 없던 아수라 속 안전지대였다.

아이들은 평소 바른 생활 태도로 말없이 담임에게 힘을 주었다. 그리고 종종 편지로 마음을 전했다.

"선생님, 부장 선생님 하느라 힘드시지요?"

> "선생님. 우리 학년을 잘 이끌어주셔서 감사합니다."
>
> "선생님. 우리 학년만 다양한 행사를 할 수 있게 신청해주셔서 감사합니다."
>
> "선생님이 학년 부장이어서 자랑스럽습니다."

아이들은 말하지 않아도 다 알고 있었다.

비단 학년 부장을 하던 그해만은 아니었다. 해마다 우리 반 아이들은 내가 교실 밖으로 나갔다 오면 인형처럼 조용히 앉아서 각자 할 일을 하는 것으로 감동을 주었다. 누가 시키지 않아도 그렇게 했다. 선생님이 없을 때 더 잘해야 한다는 것이 학급 분위기가 되었다.

어느 해였던가 학년 선생님 한 분이 물으셨다.

"선생님 학급은 우리 학년스럽지 않아요. 스타일이 달라요. 어떻게 선생님이 없을 때 저렇게 조용하지요? 어떻게 저렇게 질서가 잘 잡혔지요?"

"그러게요. 담임이 없을 때 잘해서 돌아왔을 때 감동을 선물로 주고 싶은가 봐요."

"선생님한테 선물을 준다고요? 아이들이 말을 안 하고 조용히 있는 게 선물이라고요?"

선생님은 아이들을 조용하게 하는 방법을 알고 싶어 했

다. 그러나 내 대답은 조용히 하는 법이 아니라 말하는 방법이었다.

"선생님 학급도 혹시 높임말을 사용해보시겠어요?"

"네?"

"말이 달라지니 아이들 행동이 저절로 달라지네요. 말이 예뻐지니 말없이 조용히 있는 것도 잘하고요."

우리 반 아이들은 그랬다. 높임말을 쓰며 말을 잘하기도 했지만, 말을 안 하는 것도 잘했다. 말을 해야 할 때와 멈춰야 할 때를 구분할 줄 알았다. 발표, 토의, 토론 시간에는 씩씩하고 적극적으로 말했고, 책을 읽거나 글을 쓰고, 그림 그리는 시간에는 쥐 죽은 듯 조용히 집중했다. 쉬는 시간에는 시끌벅적 신나게 놀지만, 종이 치면 즉각 수업 자세에 돌입했다. 시험 문제를 풀 때는 시험지에 답안 작성하는 연필 소리가 분주하게 들리지만, 문제를 다 풀면 검토한 뒤 책상 위에 엎드려 다른 친구의 답안 작성이 끝나기를 기다렸다.

필요할 때 적절하게 의사 표현을 하다 보니, 자연스럽게 말을 자제하는 법도 배우게 된 것 같다. 아이들은 말하지 않아도 마음으로 느끼고 머리로 이해할 줄 안다. 고운 말을 상황에 맞게 사용할 줄 알게 되자, 말을 삼가야 할 순간도 함께 알아가게 된 것이다.

    태어날 때부터 자극적인 영상에 노출된 디지털 세대인 우리 아이들은 강한 자극이 아니면 반응하지 않고, 집중력이 점점 떨어지는 모습을 보며 마음이 무겁다. 그래서 요즘 아이들에게 꼭 필요한 것은 '말 안 하는 연습'이다. 손에 아무것도 쥐지 않고, 아무것도 하지 않은 채 가만히 있는 연습, 그리고 움직이고 싶을 때 참아내는 힘이 필요하다.

    그렇게 아이들은 말 없는 위로를 건네며, 때로는 감동을 주는 작은 천사가 되기도 한다.

진심을 담기에
가장 좋은 말

"선생님, 높임말로 써야 하지요?"

글을 쓰는 활동을 시작할 때 종종 나오는 질문이다. 특히 교과서 예시가 반말로 되어 있을 때 아이들은 꼭 물어본다.

"당연하지요. 우리 반은 높임말로 써야지요."

예문이 어떤 형식의 언어를 사용하든 우리 반은 글도 높임말로 쓴다. 일상 언어를 글로 옮기는 것이기에 어려움이 없다. 당연하다는 듯 쓱쓱 써 내려간다.

국어 시간에 공감하며 대화하기를 학습하며, 친구들의 고민을 듣고 해결 방법을 제안하는 수업을 진행했다. 어떻게 하면 다양한 조합으로 고민과 해결책을 주고받을 수 있을까 생각하다가 종이비행기를 활용하기로 했다. 한 사람씩 종이비행기를 접고 비행기 날개 뒷면에 고민을 쓰게 했다. 그리고 있는 힘껏 종이비행기를 날렸다. 사방으로 날아가는 비행기로 교실이 가득 찼다. 아이들은 종이비행기를 날리는 일 자체에 신이 났다. 하지만 금세 교실은 진지한 고민 상담소가 되었다.

아이들은 자기 자리 가까이 착륙한 비행기 하나를 집어 들었다. 그리고 적힌 고민에 알맞은 해결책을 비행기 날개 앞쪽에 쓰고 발표했다. 진심이 느껴지는 고민은 고심의 해결책을 만들었다. 우연히 내 앞에 도착한 친구의 고민이 무엇이든, 가볍게 여기거나 장난스럽게 답한 아이는 찾아볼 수 없었다. 평소 다양한 주제로 글을 쓰고 친구의 글에 높임말로 댓글을 달며 생각을 나눠온 경험이 큰 도움이 된 것 같았다.

친구들의 고민에 진지한 해결책을 제안하는 아이들이 너무 예뻤다. 수업 목표는 달성했지만 한 차례 진행으로 끝내기엔 아이들의 순수한 마음이 아까웠다. 다른 반 친구들과 마음을 교환해보면 어떨까? 학년 선생님들에게 '고민 상담 프로젝트'를 제안했다. 무작위로 다른 반 친구의 고민 편지를 뽑고 해결책을 제안하는 답장을 쓰는 방식이다. 이번엔 고민 상담 편지지도 예쁘게 만들고, 고민하는 친구에게 들려주고 싶은 노래도 추천하도록 했다. 모두 고민을 지켜주기 위해 닉네임을 사용하고, 특히 높임말로 편지를 쓰도록 하자고 약속했다.

"선생님, 다른 반 친구한테도 높임말로 편지 써야 하지요? 당연히?"

아이들에게 학년 고민 상담 프로젝트를 안내하자 한 명이 물었다. 질문을 시작할 땐 높임말을 쓰지 않는 다른 학급 친구들에게 높임말 편지가 어색하지 않을까 생각했던 것 같다. 그런데 바로 '당연히'를 붙인 걸 보니 말하면서 스스로 깨달은 모양이었다. 누가 내 편지를 읽는지 모르는 상황에서 읽는 이에게 더 예의를 지켜야 한다는 사실을.

누구인지 모르는 다른 반 친구의 고민을 접한 아이들은 숙연해졌다. 진짜 상담사라도 된 듯, 고민하는 이의 마음을 헤아리며 심사숙고하여 해결책을 떠올렸다. 극존칭을 사용하여 높임말로 조언의 편지를 쓰고 정성껏 꾸몄다. 고민하는 친구에게 위로와 응원이 될 추천곡을 고르는 데에는 꽤 오랜 시간이 걸렸다. 그만큼 진심을 담았다.

"제가 전하는 해결책이 누군가에게 도움이 될 수 있다고 생각하니 너무 설레고 떨려요."

"제 편지를 받는 친구가 행복해하고 꼭 고민을 해결하면 좋겠어요."

"편지에 아무 말이나 쓰면 안 될 것 같아요. 혹시 제 조언이 도움이 안 되거나 상처가 되면 어쩌지요? 조심스러워요."

"모르는 사람의 고민을 해결해주는 제가 뭔가 특별한 사람 같아요."

"가치 있는 일을 하는 것 같아 뿌듯해요."

아이들은 고민 상담 편지를 쓰며 연신 벅찬 감정을 표현했다. 나의 고민 편지가 다른 반 친구의 마음을 담은 해결책 답장으로 돌아왔을 땐 신기하고 감격스러워 편지를 가슴에 꼭 안았다.

다른 학급 친구들은 어떠했을까? 우리 반의 정성 편지를 받은 학급 선생님이 말했다.

"학년 고민 상담 프로젝트 제안하셨을 때 사실 저는 걱정스러웠어요. 아이들이 타인의 고민에 공감하지 못하고 장난스러운 편지를 쓰면 어쩌나 하고요. 그런데 전혀 아니었어요. 아이들이 기대 이상으로 진지하게 열심히 참여했어요. 선생님 학급 편지를 받고는 아주 감동했어요. 우리도 더 예의 바르게 정성껏 편지 쓸 걸 그랬다고, 더 예쁘게 꾸몄어야 했다고 후회하더라고요. 다음에 또 다른 학급이랑 함께 활동하자고 해요."

고민 상담 프로젝트 성공 비결은 단연 높임말 편지였다.

높임말 필터는 거친 말은 걸러내고, 순화된 말만 입 밖으로 나오게 한다. 글쓰기에서도 마찬가지이다. 부정적인 생각을 걸러내고, 정제된 언어로 구성된 솔직하고 깔끔한 글쓰기를 가능하게 한다. 설명하는 글을 쓸 때는 차분한 높임말이 체계적이면서 친절한 설명문을 만든다. 주장하는 글에서는 논리적인 높임말이 근거를 분명히 하며, 글의 설득력을 높인다. 편지를 쓸 때, 높임말만큼 진심을 담기 좋은 언어가 또 있을까. 예의 바른 표현은 마음을 조심스럽게 전하게 하고, 말에 깊이를 더한다. 시를 쓸 때는 어떠한가. 아름다운 높임말은 감성을 더욱 섬세하게 표현하게 해준다.

높임말은 언어 순화 기능과 더불어 진솔하게 마음을 표현하는 도구로 큰 역할을 한다. 높임말을 쓰면서부터 아이들의 글이 훨씬 부드러워지고 아름다워졌다는 걸 느낀다. 내용은 풍성해지고 표현은 유려해졌다. 바르게 정돈된 생각과 행동과 말이 글 속에 녹아 들어가 발전된 '쓰는 힘'으로 승화되는 것이다.

함께 나누는
높임말의 힘

아이들에게
무슨 짓을 한 거예요?

"엄마네 반 언니, 오빠들은 참 좋겠다."

초등 저학년이던 딸은 엄마네 반 언니, 오빠를 부러워했다. 교사인 엄마가 높임말 쓰는 학급 학생들을 위해 다양한 활동과 선물을 준비하는 모습을 보았기 때문이다. 자기도 학교에서 즐겁게 활동하고 선물도 받고 싶은 순수한 부러움이었다. 엄마가 자기를 사랑하는 만큼 교사로서 학급 아이들에게 애정이 있다는 사실도 함께 느꼈으리라.

한 해 두 해 학급 운영이 업그레이드되었다. 딸에게 엄마네 반 학생은 더 이상 언니, 오빠가 아니었다. 한참 나이 어린 동생이 될 만큼 시간이 흘렀다. 그리고 학급 아이들을 칭찬하는 엄마의 말에 대한 딸의 반응도 달라졌다.

"엄마네 반 아이들이 이상한 거예요. 세상에 그렇게 선생님 말 잘 듣는 착한 애들이 어디 있어요?"

"학교에서 학생이 교사 말 잘 듣는 게 뭐가 이상해? 당연한 거지."

"아니, 어쩌다 한 해 우연히 그런 것도 아니고 어떻게 해마다 엄마네 반 애들은 다 착하고 예뻐요? 현실적으로 말이 안 돼요."

그럼 엄마가 학급 이야기를 상상으로 지어내기라도 했단 말인가? 엄마네 반 언니, 오빠를 마냥 부러워하던 감성적인 딸은 어디로 가고 현실의 딸은 참 냉정하게도 이야기했다.

"엄마 말을 들으면 자다가도 떡이 나온다고 했어. 학교에서는 선생님이 엄마이니, 선생님 말씀을 잘 들으면 좋은 일이 생기는 거야. 엄마네 반 아이들은 예쁜 말만 하면서 할 일 척척 잘하고 쑥쑥 성장하잖아. 얼마나 사랑스러워."

"말도 안 돼요. 엄마네 반은 비현실적이에요. 엄마가 필시 아이들에게 무슨 짓을 한 것이 분명해요."

어이가 없었다. 졸지에 엄마를 학생들에게 이상한 짓 하는 교사로 전락시키다니. 반박하고 싶었지만 참았다. 이야기를 더 하면 학급 아이들처럼 엄마 말을 잘 듣고 성실히 생활하라는 뻔한 잔소리가 될 테니까.

딸과 대화는 끝났다. 그러나 딸의 마지막 말이 자꾸 떠올랐다. 엄마가 아이들에게 하긴 뭘 했다는 말인가? 특별하게 한 것이라곤 높임말 지도밖에 없었다.

높임말로 대화하는 아이들과 그렇지 않은 아이들은 전혀 달랐다. 그간 근무 학교도 바뀌었고, 맡은 학년도 다양했으며, 담임으로 만났던 아이들 구성은 그야말로 천차만별이었다. 그러나 모든 조건을 다 고려한다고 해도 높임말 사용 전과 후 학급 운영에는 큰 차이가 있었다. 이 모든 변화가 단지 말이 달라졌기 때문일까? 딸의 말대로 담임인 내가 아이들에게 무슨 짓을 한 것일까?

인성 교육 연수를 듣다가 이유를 알게 되었다. 별 기대 없이 신청한 연수는 학습하기 시작 버튼을 누르자마자 '띠용' 하며 용수철처럼 몸을 세우게 했다. 학교 현장에서 인성 교육을 성공적으로 실천한 교사들의 인터뷰로 구성된 연수 방식이 새로웠다. 라디오 마니아인 나에게는 선생님들 한 분 한 분의 귀한 이야기가 사연을 듣는 듯 흡입력이 있었다. 노래, 미술, 영화, 수업 등 각자의 방식으로 인성 교육을 실천한 교사들의 이야기.

　　인성 교육 연수였지만 인성 교육의 개념과 방법을 똑 떨어지게 알려주지 않았다. 그것이 오히려 큰 울림으로 다가왔다. 시종일관 희망의 메시지를 던져주었기 때문이다. 인터뷰 참여자 중 학생 인성 함양을 목표로 화려한 자료를 활용하여 단 몇 차시의 수업을 하신 선생님은 한 분도 없었다. 단지 자신이 좋아하는 활동을 학급 아이들과 실천할 뿐이었다. 결국 '인성 교육이란 교사가 좋아하고 잘할 수 있는 일을 아이들과 꾸준히 이어가는 것'이었다. 특별한 전문가가 특별한 활동을 특별한 방법으로 하는 것이 아니었다. 인성 교육은 누구나 할 수 있었다. 교사와 학생들의 일상이었다.

　　나는 오래된 친한 사이여도 높임말을 쓰는 것이 편하다. 속마음을 나누는 지인들과 수년간 높임말로 대화했다. 나보다 나이가 어린 사람에게도 존칭을 사용하는 것이 자연스럽다. 소머즈 귀를 가지고 있어 멀리서 나는 작은 소리도 잘 듣는다. 스치고 지나가는 모르는 사람들의 짧은 몇 마디에도 문맥을 파악하여 그들의 상황을 금방 짐작한다. 소소한 표현에 격하게 감동하고 때론 쉽게 상처받는다. 긍정적인 사람들과 관계를 맺고 좋은 인연을 오래 이어간다. 서로의 존재에 감사하고 응원을 주고받으며 행복해한다. 나는 인간관계와 그 안에서 주고받는 '말'이 중요한 사람이다. 내가 좋아하는 건 예쁜 말이었다. 내용 면에서 관계의 언어, 형식 면에서 따뜻한 언어를 좋아한다.

그래서 아이들 입에서 거친 말이 나오면 상당히 거슬리고 듣는 것 자체가 불편했던 것 같다. 나쁜 말들이 귀에 걸린 채 그냥 넘어가지 않았다. 어떻게든 바로잡아주고 싶었다. 예쁘게 말하는 아이들을 길러내고 싶은 마음이 간절했다. 10여 년 전 복직 연수의 수많은 강의 중 교사가 학생에게 높임말을 써보라는 짧은 한마디만 유독 뇌리에 남았다. 내가 언어에 민감한 사람이었기 때문이리라.

내가 좋아하는 것, 내가 잘할 수 있는 것, 중요하게 여기는 가치 '따뜻한 관계의 언어'를 학급으로 가지고 왔다. 그리고 10년을 하루도 빠지지 않고 꾸준히 실천했다. 학생들에게 높임말 사용을 일관되게 지도했다. 높임말로 대화하는 아이들의 모습을 보며 행복하고 교사로서 보람을 느낀다.

결국 내가 한 일은 '높임말을 통한 인성 교육'이었다. 학급의 언어만 바뀐 게 아니다. 학급의 인성이 달라졌다.

나는 처음부터 학생들에게 높임말 쓰는 일이 힘들지 않았다. 아이들도 금방 적응하고 시업식 날부터 종업식 날까지 당연한 듯 높임말로 대화했다. 학급 밖에서 문제 행동을 보인 금쪽이들도 학급에 돌아와서는 어김없이 높임말을 했다. 우리 교실에서는 높임말이 공기처럼 자연스러웠다. 1년을 한결같이 예쁜 말을 쓰며 공감하고 이해하고 배려했다. 칭찬의 말을 주고받으며 봉사를 실천하고 친절을 나누었다. 아이들 스스로 자신을 돌보고 타인을 사랑했다. 우리는 서로를 존중했고 더불어 행복했다. 긍정적인 시너지 효과를 발휘하며 함께 성장했다. 우리 학급에는 아름다운 가치가 늘 존재했다. 높임말 쓰는 일상이 곧 인성 교육이었다. 이것이 나만의 학급 운영 방식이었다.

이제 딸에게 자신 있게 말할 수 있다. 너의 말이 맞았다고. 엄마가 담임으로서 학급 아이들에게 한 짓은 인성 교육이었다고. 엄마네 반 아이들이 비현실적으로 특별한 건 높임말을 통해 아름다운 인성이 길러진 덕분이라고.

교사마다 잘할 수 있는 것, 아이들과 꾸준히 할 수 있는 일이 다 다르다. 자신만의 무기를 찾아서 아이들과 오래도록 즐겁게 하면 그것이 인성 교육이다. 인성 교육 연수를 기획한 선생님의 마지막 인터뷰가 기억에 남는다. 자신만의 방법을 찾지 못했을 때, 옆 반에서 높임말을 하는 게 좋아 보여 따라

했단다. 하지만 아이들에게 존칭 사용이 어려워 금세 포기했고, 자신에게 맞는 새로운 방식을 찾아냈다고 했다. 결국 교사마다 실천할 수 있는 인성 교육의 내용은 다르다. 나는 운 좋게 나에게 딱 맞는 인성 교육 방법을 만났을 뿐이다.

학급 운영과 생활 지도에 어려움이 있는 선생님들이 자신만의 인성 교육 방법을 꼭 찾게 되길 바란다. 학급 아이들과 나눌 만큼 교사가 좋아하는 것은 무엇인가? 학급에서 꾸준히 오래 할 수 있는 일은 무엇인가?

'인성 교육'이라는 이름으로 다양하게 운영되고 있지만, 사실 인성 교육은 학교생활 전반에 스며든 일상의 태도와 실천을 의미한다. 아이들의 바른 생활 실천이 곧 인성 교육이다. 당연히 가정에서의 인성 교육 역시 중요하다. 아이들의 가정 생활 자체가 인성 교육이며, 집이 인성 교육 장이 되고, 가족이 인성 교육 지도자이다.

내가 받았던 연수에서 정의 내린 인성 교육의 개념대로라면 '가정에서의 인성 교육이란 부모가 좋아하고 잘할 수 있는 것을 자녀와 꾸준히 하는 것'이다. 결국 가족이 함께하는 가족 문화를 말한다. 그것이 독서일 수도 있고 여행일 수도 있다. 그림 그리기나 영화 감상도 좋다. 등산, 배드민턴, 산책 등 운동도 가능하다. 무엇이든 좋다.

함께하는 과정 속에서 가족 간의 자연스러운 대화와 이해가 시작된다. 일정 기간 꾸준한 실천은 가족을 하나로 만든다. 사이 좋고 화목한 가정에서 사랑받은 아이의 바른 인성은 저절로 길러진다. 부모가 자녀와 꾸준히 함께 실천할 수 있는 활동이 있는가? 우리 가족 문화로 만들고 싶은 것이 있는가? 지금 떠오른 그것이 바로 내 아이에게 딱 맞는 가정 내 인성 교육 활동이다. 찾았다면 이제 남은 건 딱 하나다. 즉시 실천하라.

높임말로 대화하는
삼색 꼬치 6학년입니다

　　교육관이 잘 맞는 동 학년 교사를 만나는 일은 행운이다. 한두 해 하는 교직이 아님에도 이런 행운은 쉽사리 찾아오지 않는다. 학교 밖에서 바라보는 교사의 모습은 비슷비슷할 것 같아도 학교 안을 들여다보면 전혀 그렇지 않다. 교사 집단은 그야말로 천차만별 다양하다.

　　6학년 담임을 맡았던 그해, 나에게는 좋은 동 학년 교사를 만나는 행운이 찾아왔다. 신설 학교라 점점 학급 수가 늘어나는 저학년에 비해 6학년은 3학급뿐이었다. 똑순이 학년 부장 달바라기 선생님, 열정적인 총각 위즈덤 선생님 그리고 내가 모였다. 셋은 이전에 전혀 교류가 없었다. 공통점이라곤 같은 학교 소속이라는 것이 전부였다.

동 학년 교사가 되기 전 달바라기 선생님은 차갑고 냉철한 이미지였다. 전년도 회의에서 본 모습이 전부였기에 현실적이고 효율적인 스타일의 사람이라 생각했다. 하지만 그녀는 달처럼 겉은 고요하고 서늘해 보여도, 그 안에는 밤을 밝히는 따뜻한 빛이 있었다. 주변을 살뜰히 챙기고 배려하는 마음은 마치 조용한 밤을 환히 비추는 달빛 같았다. 거기에 뛰어난 전문성까지 갖춘 그녀는 천생 초등학교 부장이었다.

젊은 에너지를 지닌 위즈덤 선생님은 아이들의 성장을 위해 열정적으로 노력했다. 학습에 어려움을 겪는 학생을 위해 아침 독서 훈련을 진행했고, 단원 평가 후에는 손글씨 정답지를 제공해 다시 학습하도록 했다. 온라인 알림장에 일부러 오타를 넣어 아이들의 정독과 참여를 유도하는 등 현명한 교사의 참신하고 세심한 교육 아이디어가 돋보였다.

게맛살, 대파, 버섯은 맛과 색깔이 다르다. 그러나 꼬치에 끼워지는 순간 꼬치전으로 변신하여 찰떡궁합의 맛과 색을 낸다. 우리가 그랬다. 달바라기 선생님, 위즈덤 선생님, 그리고 나는 분명 달랐다. 그러나 환상의 팀이 되었다. 꼬치에 차곡차곡 끼워져 단단하게 연결되었기 때문이다. 우리를 연결해주는 꼬치는 '희망의 교육관'이었다. 교사의 작지만 꾸준한 노력이 아이들의 변화를 이끌고, 결국 큰 성장을 만든다는 믿음 말이다. 그래서 1년 동안 학급 운영 및 학습 지도 방법을 공유하며 같은 방향으로 아이들을 지도할 수 있었다. 학급의 일이 곧 학년의 일이었다. 함께 수업을 연구하고 학생 생활 지도를 고민하면서, 우리는 점점 더 같은 맛이 나고 점점 더 같은 빛깔을 띠었다.

삼색 꼬치전이 환상의 호흡을 나타내는 것 중 하나는 '6학년 높임말 프로젝트'였다. 좋은 것을 나누고 싶은 마음에 내가 학년 전체 높임말 사용을 제안했다. 학급에서 하는 활동을 학년으로 확대하는 일은 조심스럽다. 서로 다른 학급 아이들을 일관되게 지도하기도 어렵지만, 우선 학년 선생님들이 활동 목적을 이해하고 동의해야 하기 때문이다. 더욱이 학년 전체가 높임말로 대화하려면 교사가 먼저 아이들에게 높임말을 써야 한다. 내가 무슨 자격으로 동료 교사의 언어 습관을 바꾸라고 하겠는가? 하지만 높임말 사용의 무궁무진 좋은 점을 이야기하자 달바라기 선생님과 위즈덤 선생님은 선뜻 높임말 프로젝트에 동참 의사를 밝혔다. 아이들 지도뿐 아니라 교사가 먼저 높임말 사용에 도전하겠다고 했다. 그리하여 그해 환상의 삼색 꼬치의 지도 아래 6학년 높임말 프로젝트가 시작되었다.

초등학교에서 최고 학년이 된 순간, 아이들은 왠지 모를 힘을 얻는 듯하다. 일부 아이들의 말과 행동이 굉장히 거칠어지고, 또래 집단 문화가 아이들에게 큰 영향을 미친다. 그것이 본능적이고 부정적인 색을 띨수록 전파 속도는 빛에 가까워진다. 단 하루도 생활 지도를 소홀히 할 수 없는 것이 6학년 담임들의 운명이다. 끊임없이 자신의 존재를 드러내고, 영향력을 행사하고 싶은 최고 학년 형님들. 그들이 모두 높임말로 대화했다. 교사가 학생에게, 학생이 교사에게, 친구가 친구에게 고운 말로 서로를 높이며 예의 바르게 말했다. 일상의 대화가 곧 생활 지도였다.

학생들에게 높임말 쓰는 교사도, 친구들과 높임말로 대화하는 아이들도 처음의 어색함은 어쩔 수 없었다. 어느 순간 6학년 높임말 프로젝트는 자연스럽게 정착되었고, 1년 내내 잘 운영되었다. 특히 높임말 쓰기 당위성을 부여하기에 좋았다. 초등학교 고학년 학생들에게 새로운 활동을 제안하면 꼭 나오는 질문이 있다.

"다른 반도 하나요?"

아이들은 굳이 안 해도 되는 것을 우리 반만 하는 상황을 싫어한다. 꺼리는 활동을 하게 하려면 교사는 반드시 이유를 설명하고 의미를 부여해야 한다. 아이들은 자기 기준에서 납득할 만한 충분한 당위성이 있어야 움직인다. 6학년 높임말 프로젝트의 목적은 굳이 여러 말로 설명할 필요가 없었다.

"네. 6학년 전체가 높임말로 대화합니다. 올해 우리 학년은 '높임말을 통한 바른 언어 사용 프로젝트'를 실시합니다."

모두 다 한다는데. 나도 하고 친구도 하고 선생님도 다 한다는데. 아이들은 더 이상 묻지 않았다.

학년 전체 높임말 사용이 만병통치약은 아니다. '높임말 준비 땅!' 시작해서 갑자기 6학년 아이가 천사나 성인군자가 되는 일 따위는 없다. 담임 몰래 반말을 쓰는 아이들도 간혹 있었고, SNS 사용으로 인한 갈등과 학교 밖 생활 문제는 심심치 않게 일어났다. 하지만 삼색 꼬치 담임들은 합심하여 바른 생활을 지도했다. 우리 반이든 다른 반이든 가리지 않고, 일관되게 높임말을 쓰도록 했다. 학급 내에서 언어로 인한 갈등과 상처는 거의 없었다. 문제가 생겨도 해결이 어렵지 않았다. 상대를 높이는 존중의 언어를 통해 학년 전체가 정돈되고 질서가 잘 유지되었다. 높임말이라는 공통의 규칙은 초등 최고 형님들에게도 큰 힘으로 작용했다.

6학년 생활 지도에서 어려운 것 중 하나가 학생 간 서열화이다. 서로 존중하는 언어는 6학년 학생들의 서열화를 최소화했다고 삼색 꼬치 담임들은 확신한다. 특히나 아이들에게 고마웠던 점은 학교 안에서뿐만 아니라 학교 밖에서도 높임말을 습관처럼 사용했다는 점이다. 높임말로 대화하며 아이들은 자신감 넘치고 예의 바른, 세상에 둘도 없는 6학년이 되었다.

나에게는, 우리 학급에서만 하던 높임말 인성 지도를 다른 학급에도 적용해볼 수 있었던 뜻깊은 해였다. 좋은 것을 함께할 수 있어 행복한 시간이었다. 학년 높임말 프로젝트를 함께해준 달바라기 선생님과 위즈덤 선생님에게 참 감사하다.

나는 언어의 힘을 믿고 예쁜 언어를 통해 바른 생각과 마음을 가진 학생을 길러내겠다는 교육관을 가진 교사일 뿐이다. 내가 유별난 사람이어서 우리 반 아이들이 높임말을 쓰는 게 아니다. 같은 교육관을 가진 교사들을 만나자 다른 학급의 언어도 높임말이 되었고, 학년 높임말 프로젝트 운영이 가능했다. 높임말은 교사의 교육 철학에 따라 언어의 중요성을 느낀 교사라면 누구나 할 수 있는 언어 교육이다.

교사뿐 아니라 모든 부모는 내 자녀를 키우며 교육관을 가지게 마련이다. 1년에 한 번씩 교육 과정에 교육관을 명시하는 교사와 달리, 자녀 교육 과정을 작성하지 않는 부모들에겐 구체적인 자녀 교육관이 없을 수도 있다. 하지만 자녀 교육관은 거창한 것이 아니다. 그저 내가 아이를 키우는 방식이며, 중요하게 생각하는 것이다. 내 자녀가 이것만은 꼭 갖춘 사람으로 성장했으면 좋겠다고 원하는 것이다.

내 아이가 비속어와 욕설을 서슴지 않는 모습이 속상하다면, 내 아이가 예쁜 말을 하는 사람으로 자랐으면 한다면, 평소 예의를 중요하게 여긴다면, 매체에서 나오는 자극적인 말들이 거슬린다면, 부모님의 자녀 교육관은 바른 언어 사용에 초점이 맞춰진 것이다.

우리 학급처럼 가족 구성원 모두에게 높임말을 쓰라고 강요할 수는 없다. 글로벌 시대인 지금, 우리나라의 존칭 문화가 과연 보편적으로 옳은지 단정하기도 어렵다. 나이를 기준으로 높임의 대상을 정하는 것이 맞는지도 확신할 수 없다. 하지만 여전히 '동방 예의지국'이라는 전통과 예절이 존재하는 사회에서 살아간다면, 최소한의 사회적 규율을 가르치는 일은 부모의 몫이 아닐까?

'한 아이를 키우려면 온 마을이 필요하다'라는 아프리카 속담이 있다. 나 혼자 낑낑거릴 때보다 여러 선생님과 협력하고 학부모님들과 연대를 맺으며, 아이들의 성장이 눈에 보일 정도로 빠르고 커졌다. 함께하자고 말하고 싶다. 우리가 하는 일은 사람을 길러내는 일이다. 공장에서 물건을 생산하는 것과 차원이 다르다. 하루아침에 되는 일이 아니다. 혼자서는 할 수 없는 일이다.

예쁜 말을 쓰며 자신을 사랑하고 다른 사람을 생각할 줄 아는 사람을 길러내는 일, 예의 바른 인성으로 더불어 행복할 줄 아는 사람 길러내는 일. 숭고한 이 일을 다 함께하자고 간절한 마음을 담아 말하고 싶다.

아이들 인성이
Top으로 향하고 있습니다

"선생님, 잠시 통화 가능하신가요?"

정신없는 3월 첫날 일과를 마치고 퇴근하던 중, 위즈덤 선생님의 문자가 도착했다. 전국의 모든 교사가 지쳐 있을 개학 첫날 저녁, 분명 선생님도 피곤할 텐데 무슨 중요한 일일까 싶어 바로 통화 버튼을 눌렀다.

"시업식 잘하셨어요? 올해 아이들 어때요?"

위즈덤 선생님은 몇 해 전 같은 학년 옆 반 교사였다. 삼색 꼬치 환상의 팀으로 우리는 '6학년 높임말 프로젝트'를 함께 운영했다. 프로젝트는 대성공이었다. 6학년에서 흔히 볼 수 있는 욕설과 거친 언어로 인한 갈등은 없었다. 위즈덤 선생님은 높임말 사용의 긍정적 효과를 확실히 체감하고, 해가 바뀌어도 높임말로 대화하는 학급을 운영했다. 심지어 '6학년 높임말 프로젝트 2기' 졸업생들을 배출하기도 했다. 우리가 함께 학년 높임말 프로젝트를 실시한 다음 해 위즈덤 선생님이 6학년 부장직을 맡았다. 그는 새로운 학년 선생님들과 합의하여 6학년 높임말 프로젝트를 이어갔다. 그 학교 6학년이 되면 으레 높임말로 말해야 한다고 여기는 학생과 학부모까지 생겨났다.

위즈덤 선생님은 종종 학교생활과 학급 경영에 어려움이 생기면 나에게 연락하곤 했다. 그와 동 학년을 지낸 다음 해 나는 학교를 옮겼고, 이제는 같은 학교에서 근무하는 것도 아니었다. 나는 그의 문제를 직접 해결해줄 수는 없었지만, 이야기를 들어주고 함께 생각하는 것은 얼마든지 할 수 있었다. 그의 고민이 곧 나의 고민이고, 그것은 모든 교사가 느끼는 고충이기도 했다.

3월 첫날 전화기 너머로 들리는 위즈덤 선생님의 목소리는 수심이 가득했다. 그의 고민은 높임말이었다.

"선생님, 저 올해 큰일 났어요. 오늘 학급 규칙 설명할 때 높임말은 말도 못 꺼냈어요. 아이들이 어찌나 말이 많은지, 정신이 하나도 없어요. 완전 아가들인데 과연 높임말을 쓸 수 있을까요? 올해는 높임말 사용 못 할 것 같아요."

위즈덤 선생님은 6학년 담임을 2년 한 뒤, 그해 4학년을 맡았다. 인생 전체를 놓고 보면 초등학교 6학년이나 4학년이나 아직은 어린 나이이지만, 교실에서 교사들이 느끼는 6학년 아이들과 4학년 아이들의 성숙도는 차이가 상당하다. 학년 전체가 높임말 쓰던 예의 바른 6학년, 담임 말이 필요 없게 알아서 움직이던 질서 정연한 학급 학생들과 함께 했던 지난 2년. 그런 그가 3학년 티를 벗지 못한 4학년을 마주한 첫날이었다.

"선생님, 아이들이 높임말 안 쓰고 반말하는 것은 괜찮으세요?"

내가 물었다.

"아니요. 아이들 반말이 너무 듣기 힘들어요."

그의 불편한 느낌은 당연했다. 나도 어느 순간 아이들이 반말로 이야기하는 것을 견디지 못하는 교사가 되어 있었다.

"높임말 안 쓰면 아이들 말은 점점 거칠어질 거예요. 1년 내내 선생님 굉장히 신경 쓰이지 않겠어요?"

"그렇겠지요?"

"그럼요. 그러니 올해도 당연히 높임말 프로젝트를 하셔

야지요. 교사가 필요성이 없다고 생각하면 의무적으로 할 일은 아니에요. 아이들끼리 반말하는 것이 기본값이니까. 그런데 우리는 필요성을 너무 잘 알잖아요. 높임말의 효과 덕분에 우리는 특별한 아이들을 길러냈잖아요."

"그런데 오늘 첫날부터 높임말을 시작하지 못했는데 괜찮을까요?"

"당연하지요. 저는 2학기부터 높임말 쓰기를 시작한 적도 있었어요. 내일 높임말에 관해 설명하면 돼요. 아이들이 아직 새 학년 적응하지 않았을 때 투입하면 문제없어요. 중요한 건 교사의 의지예요. 할 수 있습니다."

"네, 선생님 말씀 들으니 할 수 있을 것 같아요. 내일 꼭 높임말 쓰기를 설명하고 시작할게요."

위즈덤 선생님의 목소리가 한층 밝아졌다.

그는 과연 높임말 전문 교사였다. 학급 운영의 달인이었다. 굳게 마음을 다잡은 위즈덤 선생님은 두 번째 날 4학년 아이들과 높임말 프로젝트를 시작했다. 그의 걱정과 달리 아이들은 시작과 동시에 높임말을 매우 잘 썼다. 말 많고 아기 같던 4학년에게도 높임말의 효과는 어김없이 작용했다. 1학기가 지난 어느 날 위즈덤 선생님은 자신 있게 말했다.

"높임말로 대화하는 우리 반 아이들의 인성이 Top으로 향하고 있습니다."

학급 아이들의 인성을 자랑하는 그의 말이 그렇게 고마울 수 없었다.

나 역시 매년 걱정한다. 올해도 높임말 프로젝트를 할 수 있을까? 학년이 달라졌는데 이 아이들에게도 적용할 수 있을까? 학교를 옮겼는데 이 학교 분위기에서도 높임말이 가능할까? 이제는 높임말 사용의 효과에 대해 확신한다. 하지만 해마다 다른 구성의 아이들을 만나며 실천에 대한 걱정이 없는 건 아니다. 사실 위즈덤 선생님과 통화하며 나도 마음을 다졌다. 그에게 했던 말은 나 자신에게 했던 말이기도 했다.

높임말 학급 운영에서 가장 중요한 것은 교사의 의지이다. 교사가 필요성만 느낀다면 언제든지 시작할 수 있다. 교사가 포기하지만 않는다면 실패 확률은 0이다. 인간의 본성을 설명하는 성선설이 맞는지 성악설이 맞는지는 모르겠다. 그러나 아이들의 인성은 교사가 가꿀 수 있다는 사실만은 확실히 안다. 학급 아이들 인성을 Top으로 만드는 일은 높임말에 대한 흔들림 없는 의지를 가진 담임만이 할 수 있다.

위즈덤 선생님은 고민이 있을 때 나에게 연락하면 희망

이 생긴다고 고마워한다. 항상 받기만 한다며 미안해한다. 아니다. 그 반대이다. 위즈덤 선생님 덕분에 오히려 내가 학급 운영에 대한 희망을 품는다. 초등 교사로서 가진 생각들이 틀리지 않았구나. 쓸데없는 일을 벌이는 게 아니구나. 높임말 사용은 다른 학급에도 적용할 수 있구나. 같은 교육관을 가지고 같은 방향으로 학급을 운영하는 동지가 있다는 든든함. 내가 하는 일에 대한 강한 확신. 위즈덤 선생님이 몇 년째 나에게 주는 선물이다.

우리는 오늘도 아이들의 인성을 Top of Top으로 만들기 위해 열심히 높임말을 지도한다.

척척 선생님의
높임말 도전기

"선생님, 높임말 그거 어떻게 하는 거예요?"

새 학기를 준비하는 2월, 그해 같은 학년이 된 척척 선생님이 물었다. 1년을 계획하며 정신없는 2월을 보내다 보면 금방 동지애를 느끼게 되는 동 학년 교사, 하지만 그때는 아직 서로를 잘 알지 못했다. 내가 높임말 쓰는 학급을 운영한다는 말 한마디에 관심을 보이는 그녀가 고마우면서도 의아했다.

"방법이 따로 있는 건 아니에요. 아이들도 선생님도 그냥 높임말로 대화하는 거예요. 3월 첫날에 우리 반은 높임말로 대화하겠다고 안내만 잘하면 돼요."

"높임말 안 하는 아이들은 어떻게 지도해요?"

"야단치거나 강제로 적용할 필요 없어요. 안 하는 모습이 보일 때마다 계속 높임말 사용하라고 하면 돼요. 학급 분위기만 형성되면 안 하던 아이들도 저절로 높임말 쓰게 되거든요."

"아! 그래요. 어려울 건 없겠네요."

"맞아요. 어려운 일은 아니에요. 선생님이 먼저 학생들에게 높임말 하면 돼요. 처음엔 의식적으로 해야 하지만 습관만 되면 쉬워요. 그냥 하면 돼요."

"알았어요. 해볼게요. 일단 저부터 하면 되는 거네요."

한 가지 일을 결정할 때 100번 고민하고 물어보고 알아보는 나로서는 척척 선생님의 빠른 결정이 참 신기했다. 높임말로 대화하면 아이들이 달라진다는 나의 한마디에 관심을 보이고, 그냥 하면 된다는 나의 간단한 설명에 학급 운영 방식을 결정하다니. 교사의 언어 습관을 바꾸는 어려운 일을 덥석 해보겠다니. 그녀가 진짜 높임말 학급을 실행할지 의구심이 들었다. 쉽게 결정하고 시작했다가 중간에 포기하면 어쩌나 걱정이 되기도 했다. 그러나 높임말 학급을 도전하는 동지가 생긴 것 자체가 참 반가웠다. 척척 선생님의 빠른 결정을 존중하기로 했다. 그 순간 내가 할 일은 그녀의 결정에 힘찬 응원을 보태는 것.

"척척 선생님, 분명 성공하실 거예요. 선생님이 하겠다고 마음먹었다면 일단 반은 성공이에요. 높임말 사용은 교사의 굳은 의지와 일관된 지도만 있으면 되거든요. 아이들은 다 하게 되어 있어요. 함께할 수 있어서 아주 좋아요."

척척 선생님 학급에 높임말이 잘 적용되었을까? 3월 첫날부터 궁금했지만 꼬치꼬치 묻지 않았다. 모두가 바쁜 시기였고 그녀에게 부담을 주고 싶지 않았다. 하지만 얼마 지나지 않아 확실히 알 수 있었다. 척척 선생님 학급은 높임말 사용이 안정적으로 정착되었다. 그녀의 교실 옆을 지날 때마다 아이들의 예쁜 소리가 들려왔다.

"○○ 씨, 같이 가요."

"△△ 씨, 그거 했다고 하지 않았어요?"

높임말 사용 시작이 매끄러웠으니 유지는 더 쉬웠을 것이다. 척척 선생님 학급 아이들은 1년 내내 높임말 사용을 잘 실천했다. 선생님 역시 수업 시간뿐 아니라 평소에도 아이들과 높임말로 대화하는 모습을 자주 볼 수 있었다. 모든 학생이 높임말을 쓰는지, 반말로 이야기하는 아이들은 어떻게 지도하는지 알 수는 없었다. 하지만 분명한 건 그녀가 높임말 사용에 스트레스를 느끼지 않았다는 점이다. 모든 것이 수월하고 자연스러워 보였다.

알면 알수록 척척 선생님은 학교의 모든 업무를 척척 처리하는 능력자였다. 이전에 작은 학교에 근무했던 경험이 있어 전 업무를 섭렵한 그녀였다. 학급 관리 역시 똑 부러지게 했다. 그녀의 훌륭한 학급 운영에 높임말이 자연스럽게 녹아든 것이 나에게는 큰 기쁨이었다.

높임말로 대화하는 아이들은 특별하지만 그 시작은 특별히 대단한 것이 아니다. 특별한 규칙도 필요치 않고, 특별한 준비물도 필요 없다. 그냥 하면 된다. 척척 선생님이 증명해주었다.

다음 해 학교를 옮겨서도 척척 선생님과 같은 학년이 되었다. 그녀는 다음 해에도 그냥 당연하게 높임말 학급을 운영했다. 첫해 그냥 시작한 높임말이 가볍게 스며드는 이슬비와 같았다면, 두 번째 해에는 마치 익숙한 봄비처럼 편안한 일상이었다. 그녀는 이제 높임말 전문 교사처럼 다른 선생님에게 높임말의 좋은 점을 설명하기도 한다. 높임말 학급을 척척 운영하는 동지가 옆에 있어서 행복하다.

학부모님들과 상담을 시작하며 깜짝 놀랄 때가 있다. 처음 듣는 부모님의 목소리가 전혀 낯설지 않고 매우 익숙하게 느껴질 때다. 매일 듣던 아이들의 말이 부모님의 입에서 그대로 재현되면 그렇게 신기할 수 없다. 자녀가 부모의 언어를 닮는 건 당연한 일이다. 그런데 아이들의 말에 먼저 익숙해진 나로선, 최근 유행하는 히트곡이 리메이크였고, 원곡이 더 인기 있었다는 사실을 알게 된 순간의 기분이랄까?

성격이 밝은 아이의 부모님은 상담을 주도하시며 교사에게 아이에 관한 각종 정보를 주신다. 조용한 아이의 부모님은 조곤조곤 이야기하신다. 소리 내어 잘 웃는 아이의 부모님은 웃음소리가 호탕하시다. 안타깝게도 거친 언어를 사용하는 아이들은 부모님 중 한 분이 성격이 급하시거나 엄격하시다. 부모와 자녀의 목소리와 말투뿐 아니라 표정과 손짓까지 닮았다는 걸 느끼는 순간, 가정 내 언어 사용의 중요성을 실감한다.

어른에게 예의 바르고 모든 친구에게 친절한 우리 반 달콤 씨의 어머님께 아들 교육 비법을 물은 적이 있다.

"어머님, 도대체 집에서 어떻게 교육하시기에 달콤 씨가 저렇게 다정해요?"

"어머, 우리 달콤이가 학교에서도 다정해요? 특별히 교육하는 건 없어요. 이런 말씀드리면 이상할까요? 달콤이 아빠가 좀 스윗해요. 사실 많이 스윗해요."

자녀는 부모의 거울이다. 가정에서 부모의 언어생활은

자녀라는 거울에 그대로 투영된다. 우리 아이의 올바른 언어 습관을 원한다면 부모가 먼저 바른 언어를 사용해야 한다. 부모가 무심코 사용하는 말도 아이는 그대로 보고 배우고 구사한다. 평소 자녀를 대하는 언어 방식, 부부 사이 대화, 자주 사용하는 어휘를 점검해야 한다. 만약 작은 습관이라도 잘못된 것이 있다면 바로 부모의 언어를 바꾸어야 한다.

바른 언어를 사용하는 아이들을 위해 필요한 것은 오직 하나, 어른들의 의지와 일관된 지도뿐이다. 언어가 달라지면 행동과 생각도 달라진다는 믿음. 어른들의 언어를 방향키로 아이들의 성장 방향이 정해진다는 확신. 그리고 포기하지 않는 마음. 그것만 있으면 된다. 아이들은 이미 준비되어 있다. 어른이 먼저 시작하기만 하면 된다. 그냥 하면 된다. 내 아이를 위한 일이므로.

저학년 아이들도 높임말이 가능할까?

 친구들과 높임말로 이야기하는 일상은 초등학생들의 언어생활에 긍정적인 영향을 미친다. 정확히 말하자면 초등 고학년의 성장과 발달에는 지대한 영향을 미친다. 높임말로 대화하는 학급을 운영하는 동안 4~6학년 담임만 했다. 저학년에게도 높임말을 적용할 수 있을지는 의문이었다.

 학교 전체 행사나 급식실에서 보는 저학년은 조잘조잘 꼬물꼬물 쉴 새 없이 말하고 움직인다. 저학년을 보고 있다가 우리 반 아이들에게 시선을 돌리면 그렇게 의젓하고 늠름할 수가 없다. 저학년 동생들과 비교하여 상대적으로 흐트러짐이 적은 형님들. 지극히 주관적인 담임의 기준을 적용하여 흐뭇한 미소를 짓는다. 몇 초 전까지 형님들에게 줄 똑바로 서라는 잔소리를 늘어놓았으면서도 말이다.

끝없는 움직임과 조잘거림을 온종일 견디며 수업하시는 저학년 선생님들이 존경스럽다. 저학년 보결 수업 1시간은 우리 반 6교시 내리 수업보다 훨씬 많은 에너지가 필요하다. 우리 반 아이들도 분명 저학년 때 똑같은 모습이었을 텐데, 잘 키워 고학년으로 올려 보내주신 저학년 선생님들께 감사한 생각도 든다. 그러면서 불쑥 걱정이 올라온다.

'언젠간 저학년 담임을 맡게 될 텐데, 높임말 프로젝트를 학급 특색으로 유지할 수 있을까? 저학년 아이들도 친구들끼리 높임말로 대화할 수 있을까?'

당장 저학년 담임이 되는 것도 아니면서 불필요한 걱정을 하고 있을 때 반가운 소리가 들렸다. 급식실에서 2학년과 함께 줄을 서 있을 때였다. 조잘조잘거림 속에서 또렷하게 들리는 예쁜 말.

"○○ 님, 오늘 반찬 무엇인지 알아요?"

내 눈과 귀를 의심했다.

'2학년 아이들이 설마 높임말로 대화하는 건 아니겠지? 그냥 장난으로 한번 한 것이겠지?'

대화를 나누고 있는 아이들을 계속 관찰했다.

"오늘 버섯볶음이잖아요. 버섯 싫은데, △△ 님은 버섯 좋아해요?"

'장난으로 하는 말이 아닌 것 같은데. 일상 대화잖아.'

그때 그 학급 담임 선생님의 말소리가 들렸다.

"줄 똑바로 서야지요. □□ 님, 한 줄로 서세요."

'헉! 높임말이다. 선생님도 아이들도 높임말로 이야기한다. '○○ 님' 존칭도 사용한다.'

높임말 쓰는 학급이 같은 학교에 또 있었다니, 매우 반가웠다. 2학년 아이들이 높임말로 대화하는 모습이 정말 신기했다. 저학년 담임이 되어 높임말 학급을 운영하지 못하면 어쩌나 했던 나의 쓸데없는 걱정이 한순간에 해결되었다.

당장 2학년 선생님과 이야기를 나누고 싶었다. 그해 전입한 젊은 여자 선생님이었다. 급식실 자리가 떨어져 있고, 인사도 한번 한 적 없는 사이라 바로 말을 걸 수는 없었다. 급식실에서 마주칠 때마다 혼자 영화 감상하듯 높임말 하는 2학년 아이들을 바라보기만 했다. 아주 사랑스러운 영화였다.

어느 날 점심 반찬 하나가 조리에 차질이 생겨 배식이 늦어졌다. 몇 개 학년이 동시에 급식실 앞에 줄을 길게 서서 기다려야 했다. 우리 반 옆에 2학년이 서 있었다. 마침 높임말을 하는 사랑스러운 학급이었다. 2학년 선생님과 나란히 서서 줄이 짧아지기를 기다리게 되었다. 이때다!

"선생님, 안녕하세요? 오늘 배식이 늦게 시작되나 봐요."

현재 공통의 문제인 배식을 화제로 인사를 건넸다.

"선생님, 학급에서 높임말 사용하시는 거예요?"

"네."

"우리 반도 높임말 사용하거든요."

"아, 그러세요!"

선생님도 반가운 기색이었다. 다행이다.

"한참 전부터 선생님과 이야기해보고 싶었어요. 2학년 아이들도 높임말 잘 쓰나요?"

"네. 아주 잘해요."

그동안 참아왔던 질문을 이것저것 했다. 선생님은 교직 3년 차로 계속 저학년을 맡아 높임말 학급을 운영했다고 했다. 높임말로 대화하니 확실히 아이들이 덜 싸운다고 좋은 점을 이야기했다. 저학년도 높임말 사용이 가능하다니 정말 다행이었다. 선생님은 오히려 나에게 물었다.

"고학년 아이들도 높임말 하라고 하면 잘하나요?"

"그럼요. 잘해도 너무 잘해요."

교직 경력 3년 차에 나는 어떻게 학급을 운영하고 있었던가? '학급 경영'이라는 개념을 알기는 했던가? 요즘 젊은 선생님들 참 훌륭하다고 생각하며, 선생님은 어떤 계기로 높임말 학급을 운영하게 되었는지 궁금해졌다.

"그런데 어떻게 높임말을 시작하셨어요?"

"교생 실습에서 배웠어요."

"교생 실습이요? 좋은 학교에서 실습하셨나 봐요. 정말 좋은 거 배우셨어요."

역시 사람은 훌륭한 스승을 만나 끊임없이 배워야 한다. 배운다고 다 실천하는 것은 아닌데, 선생님 실행력을 칭찬했다.

"교생 실습했던 곳은 학교 전체가 높임말을 썼어요. 저는 학교는 다 그렇게 하는 줄 알았어요. 그래서 발령받은 첫해부터 당연하게 높임말로 학급을 운영했어요."

"학교 전체가 높임말을 한다고요? 그런 학교가 현실에 존재한다고요?"

충격이었다. 학교 구성원 모두가 높임말로 대화하는 학교가 존재한다니. 꿈에 그리던 학교가 정말 현실에 있다니.

"경력 더 쌓아서 나중에 그 학교에서 근무하고 싶어요."

선생님은 소망까지 이야기해주었다. 왜 아니겠는가? 높임말로 대화하는 이상적인 학교를 경험했다면 당연히 다시 가고 싶을 것이다. 나는 그런 학교가 존재한다는 말만 들어도 가고 싶어졌다.

몇 해 전 높임말 사용을 매우 좋아하시던 우리 반 학부모 한 분께서 하셨던 말씀이 떠올랐다.

"선생님, 높임말 사용 정말 좋아요. 이렇게 좋은 건 학교 전체가 실시하고, 지역 모든 학교가 다 쓰게 해야 해요. 나아가 전국의 학교에서 높임말 사용을 의무화할 순 없을까요?"

어머님 말씀에 한참을 웃으며, 높임말 사용의 좋은 점에 관해 이야기 나누었던 적이 있었다.

꿈만 같은 소리라고 생각했다. 학급에서 아이들이 높임말로 대화한다고 해도 믿어지지 않는다는 반응이 대부분인데, 학교 전체가 높임말을 쓴다니. 정말로 그런 학교가 존재한다면 나도 그 학교의 일원이 되어보고 싶었다. 그곳에선 나의 학급 운영이 특별하지 않겠지만, 여기를 봐도 저기를 봐도 뜻을 같이하는 사람이 있다면 얼마나 든든할까? 학교 전체에 자연스럽게 녹아 있는 높임말의 향기는 얼마나 향긋할까?

2학년 선생님에게 용기 내서 말 걸길 참 잘했다. 선생님의 경험과 소망 덕분에 나의 학급 운영 방침을 견고히 할 수 있었다. 높임말 사용은 초등 고학년뿐 아니라 저학년에도 긍정적인 영향을 미친다. 높임말은 학급, 학년 단위를 넘어서 학교 전체에 적용이 가능하다. 고로 나는 퇴직할 때까지 높임말로 대화하는 학급을 걱정 없이 운영할 수 있다. 학생들의 바른 언어생활과 밝은 미래를 꿈꿔본다. 휴, 다행이다. 높임말을 통한 언어 교육은 모두에게 적용되는 것이구나.

　　교육 현장에서는 묵묵히 자신의 교육 철학과 소신대로 높임말을 활용하여 언어 교육을 실천하는 교사들이 있다. 아마 조사하면 전국 방방곡곡에 높임말 학급이 있을 것이다.
　　교사들은 그런 사람들이다. 누가 알아주지 않아도 아이들을 위한 일이라면 일단 실행하는 사명감을 장착한 사람들. 굳이 안 해도 되는 것을 내 몸 힘든 것쯤은 감수하며 학생들과 나누어야 직성이 풀리는 사람들이다. 너무 열심히 하면 칭찬 대신 학부모 민원이 들어오는 시대에 살면서도, 교사라는 직업의 특수성으로 아이들을 먼저 생각하는 사람들이다.
　　높임말로 대화하는 학급이 있다. 전교생이 높임말로 대화하는 학교가 있다. 학교 현장은 잠시도 멈추지 않고 교육 활동을 전개한다. 앞으로도 끊임없이 아이들을 위한 교육을 펼칠 것이다. 부디 학교에 노력하는 교사들이 있다는 것을 기억해주면 좋겠다.

우리 집은
높임말로 대화합니다

"선생님, 감사해요. 우리 집이 달라졌어요. 가족이 모두 높임말로 이야기해요."

감사 씨의 예쁜 행동을 칭찬하기 위해 어머님께 전화했다. 딸의 선행에 기뻐하신 어머님은, 그보다 더 반가운 이야기를 전해주셨다. 온 가족이 높임말로 대화한다는 것이었다. 더불어 행복한 학급을 만들기 위한 높임말이었다. 학급 안에서만 잘해주어도 충분했다. 아이들이 교실 밖에서도 높임말을 잘 쓰는 건 덤으로 찾아온 행복이었다. 학급 높임말 사용이 가정에까지 영향을 미칠 줄은 상상도 못 했다.

학급에서의 높임말이 습관이 된 감사 씨는 집에서도 자연스럽게 높임말로 이야기한다고 했다. 친구들과 전화 통화도 높임말로 하고 문자도 높임말로 보냈다. 심지어 집에 놀러 온 딸의 친구들이 모두 높임말을 쓰며, 소녀들의 수다가 온통 높임말이었다고. 감사 어머님은 그 모습이 너무 사랑스럽고 신기하셨단다.

"어느 순간 저도 모르게 '감사'를 '감사 씨'로 부르고 있더라고요. 선생님께서 감사 씨, 감사 씨 하시니까 저절로 따라 하게 되었어요."

이건 이미 알고 있었다. 단원 평가나 행복 일지에 부모님 말씀을 받아올 때면 딸을 감사 씨로 지칭하는 어머님 손 글씨를 볼 수 있었다.

"높임말을 써서 학급 아이들이 모두 변화하는 모습을 보고, 우리 집도 높임말을 하면 달라지지 않을까 생각했어요. 저부터 아이들에게 높임말을 해보자고 마음먹었지요."

첫째인 감사 씨는 이미 높임말을 잘 쓰니 문제없었지만, 둘째와 감사 아버님의 적응이 쉽지 않았다고 했다. 높임말 사용을 이해시키기가 더 어렵지 않았을까 싶다. 어머님의 꾸준한 노력 덕분에 감사 가족은 모두 높임말로 대화하게 되었다. 부모와 자녀 관계뿐 아니라 부부 관계도 좋아졌다니, 언어의 힘에 또 한번 놀랐다.

　교사로서 학급 아이들에게 반말로 이야기하는 순간이 어색할 만큼 높임말 사용이 자연스럽다. 높임말로 대화하는 아이들의 담임으로서 학교생활과 가정생활을 일원화해야 한다는 생각에, 가정에서 높임말 사용을 여러 번 시도했다. 우리 집 아이들도 높임말로 존중하리라 다짐하며, 열심히 높임말을 실천했다. 하지만 아이들의 말과 행동에 따라 엄마의 감정이 오르락내리락했다. 엄마의 감정에 따라 높임말 사용이 왔다 갔다 할 수밖에 없었다. 가정에서 높임말 사용은 학급에서 높임말 사용보다 훨씬 어렵다는 것을 누구보다 잘 알고 있다. 담임도 꾸준히 실천하지 못하는 걸 실현하신 감사 씨의 어머님이 대단하게 느껴졌다.

　높임말의 긍정 효과가 학급에서 가정으로 이어져 행복한 가족을 만들었다니, 이보다 감사한 일이 또 있을까? 감사 가족 모두에게 감사했다. 학교에서 교사는 선생님인 동시에 부모여야 하듯, 가정에서 부모는 부모인 동시에 선생님이어야 한다. 학교와 집에서 같은 가치관과 삶의 태도를 경험해야 아이들은 성장한다. 감사 부모님은 가정에서 부모의 역할뿐 아니라, 선생님의 역할까지 성공적으로 해주신 것이다. 이미 예의 바르고 매사에 긍정적인 감사 씨는 존중받는 가정에서 얼마나 더 아름답게 성장할까?

　높임말로 대화하는 감사 가족의 화목한 모습을 상상하니 마음이 따뜻해졌다. 그러면서 방송인 최수종 씨가 떠올랐다. 아들과 높임말로 전화 통화하는 모습이 방송되어 화제가 된 바 있다. 사랑꾼의 대명사인 최수종 씨는 대단한 아내 사랑 못지않게 자녀 존중 역시 남달랐다. 다 성장한 아들과 높임말로 대화하는 모습이 너무 자연스러웠고, 마지막에 부자가 서로 "사랑해요" 하며 전화를 끊는 장면은 감동이었다.

　함께 방송에 출연한 방송인들과 시청자들은 놀라움을 감추지 못했다. 어색하고 엄격할 거라 예상했던 가족의 높임말 대화가 매우 친근하고 편안하게 보였기 때문이다. 높임말은 자칫 잔소리로 여겨질 수 있는 아버지의 말을 따뜻한 조언으로 들리게 했다.

　최수종 씨는 자녀가 아주 어릴 적부터 높임말을 쓰고, 자녀를 '○○○ 씨'로 부른다고 했다. 한 뉴스 인터뷰에서 그는 가정에서 부모가 자녀에게 보이는 사랑과 존중의 태도가 얼마나 중요한지 설명하며, 높임말에 대해 이렇게 이야기했다.

　"아기 때부터 지금까지 아이들에게 존댓말을 썼어요. 아이들은 자신이 존중받는다고 느끼기 때문에 다른 사람들도 존중하게 됩니다. 부모는 내가 살아온 걸 가르치는 게 아니라, 하나의 인격체를 그대로 성장시키는 안내자이자 인도자 역할을 할 뿐이라고 생각합니다."

최수종 씨 같은 유명인이 나와 같은 교육관을 가지고 있다는 사실에 괜스레 뿌듯해졌다. 높임말 사용 가정의 모범적인 사례로 많은 사람에게 영향을 주는 것에 고마웠다. 그리고 어른이 아이들을 존중해야 한다는 자신의 교육관을 어려운 아이들을 위한 봉사활동으로 승화시키는 모습이 참 멋있었다.

감사 씨 가족과 최수종 씨 가족처럼 가정의 높임말 대화는 현실에서 가능하다. 높임말로 존중받는 느낌을 받음으로써 아이는 자연스럽게 다른 사람을 존중하게 된다. 그러기 위해서는 부모가 먼저 높임말을 쓰며 노력해야 한다. 우선 나부터 가정에서 더 열심히 높임말을 실천해야겠다. 이 책을 읽는 독자 중 자녀에게 높임말 쓰기를 결심한 부모님이 계신다면 얼마나 좋을까? 높임말 쓰는 가정이 한 집이라도 늘어난다면 얼마나 행복할까?

그럼에도 불구하고 높임말

교장 선생님께 업무 관련 사항을 말씀드리기 위해 교장실에 갔다. 업무 이야기를 마치고 나오려는데, 요즘 어떻게 지내고 있냐고 물으시기에 짧은 근황 토크를 나누었다.

"김 선생님 반 아이들은 조금 달라 보여요."

교장 선생님 눈에도 우리 반 아이들이 특별해 보인다니, 아이들이 교실 밖에서도 바르게 잘 생활하고 있다는 생각이 들어 뿌듯했다.

"네. 높임말을 사용하니까 아이들이 생각도 행동도 참 예뻐요."

높임말 학급 운영에 대한 이모저모를 말씀드렸다. 교장 선생님께서는 꾸준한 높임말 사용을 칭찬하셨다. 그런데 마지막에 건네신 한마디는 내가 한번도 생각해본 적이 없는 것이었다.

"특별한 언어를 사용하다가 일반적인 언어를 사용해야 하는 상황에서 아이들이 어려움을 겪는 일이 생기면 안 될 것 같습니다."

그 말씀이 내내 마음에 남아 몇 년째 생각해본다. 높임말에 익숙해져 반말이 어려운 상황이라……. 아이들에게 그런 순간이 있었을까? 질문의 답을 몇 년째 찾지 못한 채, 언제나 이런 행복한 상상으로 마무리하게 된다.

'일반 언어가 어려울 만큼 높임말이 습관이 되어 학년이 올라간 뒤에도, 중학생이 되어서도 우리 아이들이 높임말만 쓰면 얼마나 좋을까? 높임말만 할 줄 아는 우리 아이들의 언어가 널리 전파되어 대한민국 청소년의 언어가 아름다워지면 얼마나 좋을까?'

학년이 올라가고 초등학교를 졸업한 우리 반 아이들의 높임말 사용 현황은 어떠할까? 졸업생들이 종종 찾아와 반갑게 안부를 전한다.

"선생님 덕분에 좋은 습관을 유지하며 중학교 생활도 잘하고 있어요. 우리 반이었던 친구들 모두 열심히 공부해요. 그런데……."

말끝을 흐리다가 겸연쩍은 표정으로 말을 이어간다.

"중학교에서 높임말은 안 써요."

당연하다. 아무도 하라고 하는 사람이 없고, 아무도 쓰지 않는다. 중학교에서도 높임말을 썼다가는 이상한 학생 취급을 받을지도 모를 일이다. 학급 분위기 형성이 높임말 사용의 성공 열쇠였다. 거꾸로 편한 말들이 오가는 분위기에서 혼자 높임말을 쓰는 건 어렵다. 1년 동안 열심히 높임말을 생활화했지만, 아이들은 평상어 사용 상황에 금세 적응한다. 전혀 어려움 없이 때와 장소와 분위기에 맞는 언어를 구사한다. 교장 선생님께서 걱정하시는 특별한 언어 습관으로 인한 일반 언어 사용의 어려움은 발생하지 않는다.

졸업한 뒤에도 높임말로 대화하는 중학생은 내 상상 속에만 존재한다. 높임말 사용 기간은 유별난 담임과 함께하는 딱 1년 동안이다. 1년 후에는 도로 아미타불이 되어 폐기될 높임말이라는 걸 뻔히 알고 있다. 그럼에도 불구하고 높임말 학급을 고집하는 이유는 무엇일까?

지극히 정상적인 언어를 구사하고 있음에도 중학생이 된 나의 아이들은 이상하게 초등 담임에게 미안해한다. 그러지 않아도 되는데. 미안할 이유가 없는데. 바로 이 마음 때문에 높임말 학급을 운영한다. 1년 동안 높임말로 대화하며 아이들은 어떤 말이 자신과 타인을 위하는 것인지 확실히 알았다. 더불어 행복하기 위한 방법을 터득했다. 비록 높임말을 쓰지 않더라도 귀한 언어적 체험으로 장착한 따뜻한 마음과 바른 생각만큼은 그들의 내면에 단단히 각인되었을 것이다. 학년이 올라가고, 중학생이 되고, 성인이 되어도 예쁜 말을 통해 길렀던 긍정의 마음만은 유지할 것을 기대한다. 거친 말로 다른 사람에게 상처 주는 일만은 하지 않으리라 믿는다.

우리 반 기대 이상 씨는 기대 이상으로 성실하고 열정적이고 모든 활동에 정성을 쏟았다. 활기차고 매사 열심인 학급 분위기 형성에 기대 이상 씨가 한몫했다 해도 과언이 아니었다. 1년 내내 참 고마웠던 기대 이상 씨. 학년이 바뀐 다음 해에 받은 스승의 날 편지는 상상 이상이었다. 도대체 전 담임에게 편지를 쓰기 위해 그녀는 얼마의 시간과 노력을 들였을까? 8절 도화지를 깨알 같은 글씨로 가득 채운 편지에는 전년도 수업에 대한 고마움과 그리움이 가득 담겨 있었다. 특히 높임말 사용에 관한 생각은 나에게 큰 울림으로 다가왔다.

"처음 선생님 반에 배정받아서 친구들에게 높임말을 쓰라는 규칙을 보고 '이걸 굳이 해야 하나?'라는 생각이 들었어요. 하지만 학년이 끝나고서야 친구를 존중하는 생활이었다는 걸 알아차렸어요. 제가 아는 동생이 선생님 반에서 높임말 쓰는 게 싫대요. 그 말을 듣고 작년 새 학기에 누구보다도 학급에서 높임말 쓰는 게 싫었던 제 모습이 생각났어요. 제가 장담하는데 지금 선생님 반 친구들은 분명 초등학교 시절에서 제일 최고였고 제일 존경했던 선생님으로 선생님을 기억할 거예요. 제가 지금 그래요. 선생님 학급 외에 다른 학급에서도 높임말을 쓰면서 생활하고 싶어요. 학급에서 높임말 쓰기, 발표할 때 자신의 장래 희망이나 별명 붙이기는 지금까지 경험한 것 중 최고의 수업 방식이었어요."

내 앞에서는 열심히 높임말을 쓰고 있지만, 속으로는 싫어하는 학생이 있다는 걸 알고 있다. 일부러 말을 짧게 하고 뒤에 '~요'만 살짝 붙여 지적당하지 않을 만큼만 높임말을 구사하기도 한다. 새 학년이 되어 찾아온 아이들이 꼭 묻는 질문이 있다.

"선생님 반은 올해도 높임말 써요?"

변함없는 선생님에 대한 안도와 높임말 동지가 더 많이

생겨 기쁘다는 반응이 대부분이다. 하지만 나도 힘들게 1년을 버텼으니, 다른 사람도 당해봐라 하는 마음으로 질문을 하는 학생도 있다. 그럼에도 불구하고 나와 함께 있는 동안에는 높임말을 쓰게 한다. 바로 기대 이상 씨 같은 학생이 있기 때문이다.

　높임말이 친구를 존중하는 생활을 가능하게 했다는 깨달음. 굳이 왜 해야 하는지 모를 일을 인내하고 했을 때 얻는 긍정의 효과. 바른 언어생활에 대한 자부심. 아이들은 매 순간 직접 체득하며 느낀다. 그리고 이런 생각들은 아이들이 성장

하는 데 밑거름이 될 것이다.

    바른 언어 사용은 자전거 타는 법을 배우는 것과 같지 않을까? 균형을 잡고 페달을 밟는 방법을 터득하는 순간, 자전거를 전혀 타지 못했던 사람이 자전거 운전자로 변신한다. 자전거를 매일 타지 않더라도 자전거 타는 법은 까먹지 않는다. 설사 몇 년 만에 자전거를 타더라도 새로 배울 필요 없이 바로 앞으로 나아가기가 가능하다. 한번 익힌 기능으로 평생 자전거 운전자로 살 수 있다.

    높임말도 마찬가지다. 일단 높임말을 써본 사람은 언어의 순기능을 내면화한다. 높임말을 쓰지 않는 상황에서도, 이미 형성된 긍정적인 언어의 힘은 사라지지 않는다. 필요한 경우 언제든지 다시 꺼내 능숙하게 사용할 수 있다. 1년 동안 높임말로 대화한 나의 아이들은 평생 바른 언어 사용자로 살아갈 것이라 믿는다. 그럼에도 불구하고, 높임말 지도를 멈추지 않는 이유이다.

· 맺는 말 ·

오늘보다 내일
더 빛날 아이들을 응원하며

 독자 선생님이 업무 때문에 우리 교실을 방문했다. 독자 선생님은 5학년, 나는 4학년 담임으로 우리는 인사만 하는 사이였다. 문 앞에 서서 짧게 업무에 관해 이야기를 나누었다. 방문 목적을 달성한 그녀가 자신의 교실로 가기 위해 몸을 돌렸다가, 다시 나를 바라보며 말했다.

 "그리고 선생님……."

 나는 교실 문을 닫으려다가 도로 열었다. 그녀가 머뭇거리다 물었다.

 "개인적인 질문이 있는데 해도 될까요?"

"물론이죠. 들어와서 이야기할까요?"

나는 교실 문을 활짝 열어 독자 선생님을 맞이했다.

그녀는 우리 교실 이곳저곳에 눈길을 돌리며 질문했다.

"선생님, 학급 운영을 어떻게 하시는 거예요? 선생님네 반 아이들은 특별해 보여요. 저는 아직 뭘 어떻게 해야 할지 모르겠어요."

독자 선생님은 발령받은 지 2년이 채 안 된 새내기 교사였다. 전년도에는 교과 전담 교사를 맡았고, 담임 경험은 이번이 처음이었다. 학급을 어떻게 운영해야 하는지 모르는 게 당연했다. 학급 경영 노하우를 담은 책과 영상들이 넘쳐나는 세상이다. 하지만 아무리 좋은 방법이라도 눈으로 읽고 마음으로 공감만 해서는 아무 소용이 없다. 전문가들이 알려주는 수많은 방법 중 단 하나라도 실천하고 우리 교실에 적용해야 나의 학급 경영 방법이 된다. 2년 차 교사에게는 실천 사항을 찾는 일조차 큰 과제일 터였다.

독자 선생님이 우리 학급을 특별하게 생각해주어서 고마웠다. 학급 경영이 어려운 자신을 인지한다는 것 자체가 발전적이라고 생각했다. 젊은 선생님이 배우고자 하는 마음이 참 예뻤다. 나의 학급 운영 방법을 궁금해하는 후배 교사가 있다니, 이제는 내가 누군가의 선배가 될 만큼 경력이 쌓였나 보다 새삼스러웠다. 사실 전혀 예상치 못한 독자 선생님의 질문에 뭐라고 답해야 하나 막막하기도 했다. 그러나 친하지도 않은 중견 교사에게 힘들게 학급 운영 방법을 물었을 그녀에게 주먹구구식 대답을 주고 싶지는 않았다.

독자 선생님의 시선을 따라가기로 했다. 선생님이 우리 교실에서 관심을 보이는 것부터 소개했다. 칠판에 붙은 긴 줄넘기 급수표를 보는 선생님에게 이야기했다. 아이들이 모둠을 구성하여 1단계 '긴 줄 안에서 10번 넘기'부터 5단계 '긴 줄 안에서 5번 공 튀기기'에 도전하고 있다고. 독자 선생님은 흥로워 하며 물었다.

"재밌을 것 같아요. 그런데 4학년들이 이렇게 어려운 걸 할 수 있어요?"

"잘하는 아이가 어려운 친구를 도와주면 가능해요."

"모둠 활동하면 싸우지 않아요? 특히나 체육 시간에는?"

"높임말로 대화하면 싸우지 않아요."

가위바위보 인사 카드를 올려다보는 그녀에게 설명했다.

"우리 반은 아침마다 가위바위보 인사를 해요. 담임과 가위바위보에서 이기면 '행복하겠습니다', 비기면 '공감하겠습니다', 지면 '배려하겠습니다' 큰 소리로 인사해요."

"아침부터 예쁜 말을 하네요. 가위바위보가 재미있기도 하고요."

"매일 아침 소리 내니, '행복하겠습니다', '공감하겠습니다', '배려하겠습니다'라는 말이 아이들 입에서 술술 나와요."

"아이들이 평소에도 그런 말을 한다고요?"

그녀는 놀라며 물었다.

"높임말을 쓰니까 이보다 더 예쁜 말들도 부끄러워하지 않아요. 진짜로 행복하고 공감하고 배려하게 돼요."

이번에 독자 선생님은 주제 글 공책을 펼쳐 보았다.

"일주일에 한 번씩 다양한 주제로 글을 쓰고 친구 글에 댓글을 달아요. 아이들이 주제 글 쓰는 시간을 기다려요."

"그런데 댓글을 높임말로 쓰네요."

"우리 반은 높임말로 대화하니까요."

아이들의 댓글을 살펴보던 그녀가 의아한 표정을 지었다.

"설마 친구를 '○○ 씨'라고 부르는 거예요?"

"네. 이제는 '○○아'라고 하는 것이 이상하게 들린대요."

나는 한 아이의 책상 속에서 '행복 일지'를 꺼내 그녀에게 보여주었다.

"우리 반 학급 특색 중 하나가 '1일 1 칭찬 제도'에요. 매일 칭찬받고 칭찬 내용을 기록해요."

'행복 일지'를 한 장씩 넘겨보던 그녀가 말했다.

"친구들이 한 칭찬도 많이 있네요. 아이들끼리 실제로 칭찬을 이렇게 많이 해요?"

"실제로는 적혀 있는 것보다 훨씬 많이 해요. 처음엔 담임이 한 칭찬만 기록했는데 점점 친구들끼리 하는 칭찬이 많아졌어요."

"어떻게 아이들끼리 수시로 칭찬을 주고받을 수 있지요?"

"높임말을 쓰니까 저절로 그렇게 되더라고요."

한참 동안 독자 선생님과 우리 교실을 탐방했다. 이 밖에도 학급에서 이루어지는 다양한 활동을 소개했다. 선생님은 연신 고개를 끄덕였다. 당장 실천할 수 있는 몇몇 활동은 자기 학급에 적용해보겠다고 했다. 또 어떤 활동은 놀라워하며 궁금한 것들을 물어보았다. 신기하게도 선생님의 질문이 무엇이든 나의 대답은 결국 하나였다.

"높임말을 써서 그래요."

독자 선생님은 나에게 학급의 이모저모를 알려주어서 고맙다고 했다. 긴 시간을 빼앗았다며 미안해하기도 했다. 고마워하는 마음은 이해했다. 그러나 선생님이 나에게 절대 미안할 필요는 없었다. 나는 경험을 나눌 수 있어서 행복했기 때문이다. 나의 학급 운영에 관심을 가지고 궁금해하는 사람이 있다는 것 자체가 기쁨이었다.

인사를 나누고 교실을 나서며 독자 선생님이 말했다.

"선생님이 책을 쓰시면 제가 1등 독자 할게요. 높임말 쓰는 학급 운영 꼭 책으로 써주세요."

그때의 나는 글을 쓰는 사람이 아니었다. 열심히 아이들을 지도하며 나만의 색깔 있는 학급을 구축하고 있었지만, 기록의 필요성을 전혀 몰랐다. 그리고 훗날 선생님의 말이 씨가 되어 나는 책을 쓰고 있다. 학급 운영과 인성 교육에 어려움이 있는 선생님들에게 도움이 되는 책, 끝을 알 수 없는 자녀 교육의 터널에 있는 부모님들의 길라잡이가 되는 책.

명쾌 씨 어머님은 종종 상담을 요청하셨다. 아이의 학교 밖 생활에 대한 고민까지 나에게 털어놓으시며, 자녀의 성장을 위해 애쓰시는 어머님께 고마웠다. 상담 전화를 마무리하며 어머님은 말씀하셨다.

"선생님과 상담하고 나면 오은영 박사님과 이야기한 기분이에요. 답답했던 마음이 명쾌해졌어요. 감사해요, 선생님."

오은영 박사님이요? 나는 오은영 박사님처럼 자녀의 변

화를 위한 명쾌한 해답을 제시한 적이 없다. 그저 어머님의 이야기를 듣고, 명쾌 씨 편에서 생각했을 뿐이다. 어머님보다는 객관적으로 아이를 바라볼 수 있기 때문이었다. 해결책을 제시하지도 않았는데, 담임과 전화 통화만으로 명쾌해진 어머님의 기분. 혹시 전화 통화 대신 책으로 부모님들에게 명쾌한 기분을 느끼게 할 수 없을까?

응원 씨 어머님은 학부모님들께 보낸 단체 문자에 꼬박꼬박 답장을 주시며, 학급을 칭찬하고 담임을 지지하고 응원해주셨다. 어머님의 메시지를 통해 단체 문자로 전한 담임의 마음이 부모님들께 잘 전달되었구나 확인할 수 있었다. 학급에서 하는 활동을 부모님들이 긍정적으로 바라보고 계시는구나 안심할 수 있었다. 종업식 날 응원 씨 어머님이 보내신 마지막 문자 역시 감동이었다.

"선생님 학급 학부모였다는 것이 영광이었어요."

세상에 얼마나 고귀한 일이 많은데, 나의 학급 학부모였다는 사실이 영광이었다니. 어머님은 끝까지 자녀의 담임 어깨에 힘을 넣어주셨다. 어머님의 응원에 힘입어 나의 학급 운영에 자신감을 가지고 많은 사람에게 소개하고자 한다.

우리 반 좋아 씨는 우리 학급을 참 좋아했다. 어머님도 아들이 우리 반 소속이어서 너무 좋다며, 우리 반을 자랑스럽게 생각하셨다.

"선생님, 다른 반 엄마들이 우리 반 좋은 거 다 알아요. 제가 우리 반은 높임말 쓰면서 행복하다고 동네방네 소문냈어요."

우리 반 좋아 씨 어머님 마음을 이어받아, 이제 담임이 직접 우리 반 좋다고 책을 통해 소문을 내보고자 한다.

이 책을 통해 높임말로 대화하는 아이들이 주는 감동을 많은 사람이 경험했으면 좋겠다. 높임말을 쓰며 성장하는 아이들의 모습에 부모로서 교사로서 성취감을 느꼈으면 좋겠다. 바른 인성을 점점 견고히 하는 아이들처럼 부모도 교사도 단단해지면 좋겠다. 아이들과 함께 성장하며 부모도 교사도 행복하면 좋겠다. 잔소리가 필요 없이 알아서 행동하는 아이들을 보고 느끼는 자랑스러움을 한번 느껴보면 좋겠다.

책을 집필하며 참 많이 울었다. 슬픈 내용은 한 글자도 없는데 불쑥불쑥 눈물이 났다. 틈만 나면 집 앞 카페에서 붙박이로 앉아서 글을 쓰며, 카페의 휴지를 많이도 적셨다.

나를 담임으로 만났다는 이유로 1년 내내 높임말로 대화해준 나의 아이들이 고마워서. 담임 잔소리를 성장 발판으로 삼고 쑥쑥 발전하는 아이들 모습이 기특해서. 아이들의 따뜻한 말과 예쁜 선행에 새삼 감동해서. 각자의 위치에서 제 몫을 해내고 있을 제자들이 보고 싶어서. 대한민국판 천사들의 합창인 우리 학급이 아름다워서. 어떻게 이렇게 좋은 학부모들을 만날 수 있었을까 행운에 감격해서. 그동안 받았던 학부모님들의 응원과 격려에 다시 힘이 나서. 한마음으로 함께 해준 동료 선생님들이 너무 든든해서.

만약 소설을 썼다면 이렇게 눈물이 났을까? 에피소드에 따라 비현실적으로 들릴 수도 있지만, 이 모든 이야기는 평범한 초등학교 교실에서 일어난 실화다. 이 직업을 천직으로 여기고, 아이들 성장에 진심인 초등 교사의 고백이다. 엄마의 마음으로 교육하는 교사의 진한 노력과 소망이 책을 통해 독자 여러분께도 따뜻하게 전해지기를 바란다.

어제보다 오늘 더 빛나는 아이들을 사랑한다.
오늘보다 내일 더 빛날 아이들을 응원한다.
빛나는 아이들의 든든한 뿌리인 부모님을 믿는다.
이 땅의 모든 선생님들에게 파이팅을 외친다.

높임말로 대화하는 아이들

높임말로
대화하는 아이들

초판 1쇄 발행 2025년 7월 18일

지은이 김희영
펴낸이 김선준

편집이사 서선행
책임편집 이주영 **편집1팀** 김송은, 천혜진
디자인 김세민
마케팅팀 권두리, 이진규, 신동빈
홍보팀 조아란, 장태수, 이은정, 권희, 박미정, 조문정, 이건희, 박지훈, 송수연, 김수빈
경영관리 송현주, 윤이경, 임해랑, 정수연

펴낸곳 ㈜콘텐츠그룹 포레스트 **출판등록** 2021년 4월 16일 제2021-000079호
주소 서울시 영등포구 여의대로 108 파크원타워1, 28층
전화 02)332-5855 **팩스** 070)4170-4865
홈페이지 www.forestbooks.co.kr
종이 ㈜월드페이퍼 **출력·인쇄·후가공** 더블비 **제본** 책공감

ISBN 979-11-94530-49-7 (03590)

- 책값은 뒤표지에 있습니다.
- 파본은 구입하신 서점에서 교환해드립니다.
- 이 책은 저작권법에 의하여 보호를 받는 저작물이므로 무단 전재와 복제를 금합니다.

> ㈜콘텐츠그룹 포레스트는 독자 여러분의 책에 관한 아이디어와 원고 투고를 기다리고 있습니다. 책 출간을 원하시는 분은 이메일 writer@forestbooks.co.kr로 간단한 개요와 취지, 연락처 등을 보내주세요. '독자의 꿈이 이뤄지는 숲, 포레스트'에서 작가의 꿈을 이루세요.